女人40枕边书

华 业◎编著

中国商业出版社

图书在版编目（CIP）数据

女人 40 枕边书 / 华业编著 . — 北京：
中国商业出版社，2007.12
ISBN 978-7-5044-6055-4

Ⅰ . ①女… Ⅱ . ①华… Ⅲ . ①女性—成功心理学
Ⅳ . ① B848. 4

中国版本图书馆 CIP 数据核字（2007）第 191818 号

责任编辑：唐伟荣

中国商业出版社出版发行
010-63180647　www.c-cbook.com
（100053　北京广安门内报国寺 1 号）
新华书店经销
天津冠豪恒胜业印刷有限公司印刷
*
710 毫米 ×1000 毫米　16 开　16.5 印张　230 千字
2008 年 1 月第 1 版　　2019 年 3 月第 2 次印刷
定价：48.00 元

*　*　*　*

（如有印装质量问题可更换）

前言
PREFACE

四十岁，是女人身体、心理的一个重要人生站点：精力衰了，容颜老了，感情淡了，责任重了，前途没了。看看以前，感觉自己所得是如此之少，想想以后，让自己迷惘之事又是如此之多。

女人四十，是该想想自己、反思自己的时候了——该留住的留住，该改变的改变。

本书结合四十岁女性的身心特点和生存现状，在三个方面给出了忠告。

一是个人的再塑。四十岁女人往往感觉自己人老珠黄而丧失自信，实际上二十岁有二十岁的漂亮，四十岁有四十岁的韵味，只要你把握“得体”二字，用知性和气质充实自身形象，你一样可以光彩照人，这是在外形方面的再塑。在为人处世方面，四十岁女性经过几十年人与事的打磨应该懂得以正确的方式说话办事，让自己真正成熟起来，这样也可以让你在生活、工作中遇到这样那样问题的时候可以应付自如。

二是关系的处理。女人在社会交往、与人相处方面过于随意和感性，这不仅容易对别人造成伤害，也会时不时伤到自己。与老公、孩子的关系，与亲戚、朋友的关系，与同事及上下级的关系，如果一个女人在30岁时尚未处理好尚有情可原，但到40岁如果仍然硝烟弥漫，那你就无可救药，同时也会把自己送入人际关系的荆棘丛中被刺个遍体鳞伤。

三是重视自我。女人的一生一直是加法式前行：加上工作，加上老公，加上孩子……你的欲望和负累也在是阶梯式增长，于是你淹没在这些负累中丢失了自我，也必然丢失了快乐，而这正是人生的意义所在。人的欲望是没有止境的，尝试着不要活给别人看，只做自己吧，你会活出四十岁女人应有的滋味。

女人四十，一个敏感的年龄，一个成熟的年龄，也是收获的年龄，更是一个美丽的年龄。当劳累一天之后，夜深人静之时，躺在床上翻翻小说，想想自己，也许你会有别样的收获。

编著者

2007年11月

目 录
CONTENTS

第一章　想想这个人：不要让爱变陈旧

四十岁，女人要问自己这样一个问题：跟身边的这个男人之间是否依然有爱？爱是会变陈旧的，陈旧了的爱往往容易被男人忽略。不要想当然地认为婚姻已经定型，想想这个人，然后做点什么吧：唤醒爱，或者寻找爱。

1. 另眼看男人

社会的发展日新月异，媒体上一再强调要用“与时俱进”的眼光看待周围的一切。看你身边的男人，也要遵循这样的原则：与时俱进。如果你一成不变，非要让他做当初那个“最好的自己”，一天两天还行，时间长了，不把他累个半死，也会让你厌烦起来。

有个女孩结婚没多久，便哭着跑回娘家，气急败坏地向父母诉说她再也无法忍受自己的丈夫，因为丈夫在卫生间抽烟，烟灰总是弹在地上而从不打扫；起床后不叠被反说是为了健康；洗脸擦手不管摸到谁的毛巾就用，怎么说也不改……在双亲的百般劝解下，女孩仍然坚持非离婚不可。父亲想了想，拿出一张白纸和一支笔，递给女孩，要求她每想到丈夫一个缺点就在白纸上画一个黑点，于是她就不停地在白纸上画黑点。在她画完以后，父亲拿起白纸，问她看到了什么，女孩回答：“缺点啊，全都是他该死的缺点。”父亲笑着问她还看到了什么，她回答：“除了黑点，我什么都没有看到。”“你真的什么都没有看到？”在父亲一再追问下，女孩终于想到除了黑点外，还看到白纸，于是父亲问她：“他是否有优点？”女孩想了很久，终于勉强地点了点头，开始叙述丈夫的优点，渐渐地，她的语气缓和了，脸色转“晴”了，最后，她破涕为笑，不再想离婚了。

绝大多数人在婚姻生活中都容易犯同上面故事中那个女孩一样的错误，只看到白纸上的黑点，而忽略了黑点旁边更大的白纸空间。由于只看到对方的缺点，才使得自己陡生怨恨，郁郁寡欢。如果能不执着于黑点，多欣赏黑点后的白纸，就能豁然开朗，常保持愉快的好心情。

西方有句谚语："结婚前睁大你的双眼，结婚后闭上一只眼。"其实，婚姻与玉石相似，再完美我们也可以找出疵点。可说到底，在上帝如炬的目光审视下，我们谁敢大言不惭地说自己是"完美"的人呢？既然自己并不完美，凭什么以完美要求于自己的爱人呢？爱一个人，便意味着全身心地、无条件地接受并包容他的一切，包括他的坚强掩盖下的脆弱、诚实背后的虚伪、才华表象下的平庸、勤劳反面的懒惰，以及他在婚前不曾被发现的种种生活恶习。

相信很多人都看过下面的这个故事：

新婚之夜，丈夫对妻子说："我这个人有很多的毛病，也缺乏自省能力，有时候做错了事也不知道，你比我有文化，要多多包涵我。"而妻子对丈夫说："人的一生，有许多事情错了是可以改正的，有些事错了却永远不可以回头，所以，我列出10个我能够原谅你的错误，如果你犯了这10条错误中的任何一条，我都会原谅你。"婚后，他们的生活果然有许多磕绊。但妻子却一次又一次地原谅了丈夫。一晃，已经是他们的金婚纪念日，丈夫问出了心中长久的疑问："当初你允诺可以原谅我的10个错误是什么呢？"妻子微微一笑："50年来，我始终没有把10个错误具体列出来，每当你做错了事，让我伤心难过时，我马上提醒自己，还好，他犯的是我可以原谅的10个错误之一。"此时，四目对望中，有点点的泪光闪动。

大仲马曾说："要维持一个家庭的融洽，家庭里就必须要有默认的宽容和谅解。"萧伯纳也告诉我们："家是世界上惟一隐藏人类缺点与失败，而同时也蕴藏甜蜜之爱的地方。"柴米夫妻，食的是人间烟火，谁也不可能完美无缺，只要不是原则性的大问题，就不要太过较真，求全责备，而应该多体谅，多包容，这样彼此相处才会和谐，婚姻才得以延续。

所以，评价你身边的男人千万不要用一个标准。有人说"男人是一本奇怪的书”，要想看清他，读懂他，你最少要通过三个不同的角度去看，既不要“管中窥豹”，也不可草草浏览。

远看，你得站得离男人百米之外，冷冷地看，悄悄地看，最好是他看不到你，你却能观察到他。看他走路的姿态，看他抽烟的姿势，看他骑车的样子，看他遇到坎的步法；如果天上下着小雨，看他是不是马上躲避；如果前面有贼，看他是不是会逃避；路边放个钱包，看他会不会看看周围没人马上偷偷拾起；身边来个盲人，看他会不会牵住人家的拐杖送他走过危险。如果你有心，你就能通过这些平凡的小事，看到一个男人的气质。

中看，你也要站到10米之外，默默地看，静静地看。看他衣服的颜色，是新潮还是传统；看他读书的样子，是左右张望还是专注专一；看他受委屈后的样子，看他遇到困难时的神态；看他的吃相，看他的醉态；看他玩电脑上网的痴样，看他观察女人的神态，是惊鸿一瞥还是盯着不放。如果你眼光独到，你就能看出一个男人的色彩，就能度量到一个男人的肚量，就能感觉到一个男人的力量。

近看，你就站在1米之外，真切地看他，热烈地看他，与他做一次关于爱情与事业的谈话，看他的眼神；与他共唱一首关于梦想与浪漫的歌曲，看他的笑脸；与他走过一段荆棘丛生的山坡，看他划破了双手，是不是还在护着你的身体；与他共涉一条不知深浅的小河，看他有没有愁眉，有没有挽着你的手臂。

不管怎么样，再也不要固执于一点去看待你身边的男人了，就算他有些无伤大雅的“臭毛病”，只要不伤及幸福的实质，只要他本性不坏，就由他去吧！

2. 不完美的他才是你的真心英雄

结了婚的女人通常都会犯一个很低级的错误，就是拿自己的男人和其他所谓的优秀男人作比较。事无巨细，也不管男人是否能接受，都要强加一句“别人怎样怎样”。如果你的男人确实吊儿郎当、不负责任，也就罢了，可若他已经努力了，你还苛求什么？

女人似乎天生都爱幻想，都渴望自己的男人有朝一日能成为一个完美无缺的盖世英雄，似乎只有这样的大英雄才可以让自己的婚姻完美。所以她们恨铁不成钢，所以她们处处比较，处处以一种令人望而却步的标准要求男人。

这样的婚姻生活一定尽如人意吗？也不尽然。

聂楠楠在开学第一天便认识了他。那个时候，楠楠正穿着白纱的裙子，走在校园日影斑驳的石板路上。楠楠觉得自己像公主，今天一定会遇到王子。

排队办理入学手续，楠楠闻着空气中的新鲜味道，心也跟着MP3里的音乐悠荡起来。这时突然感觉有人拍她的背，转过头看见一个清清爽爽的男孩，红着脸，示意她关掉音乐。

楠楠一脸疑惑地照办，只见那男孩子凑过来低声说：“你的衣服红了。”

一瞬间，楠楠脸红得像蕃茄，一个箭步跳上他的车到了教学楼的卫生间，却突然发现自己什么也没带。着急地在里头踱了10分钟，突然有人敲门，楠楠开了一线门缝，却看见一双修长的手递进来一个黑色塑料袋包。楠楠的脸更红了，但心里却暖暖的。

他们成了校园里最让人羡慕的一对。男孩高楠楠两届，毕业后为她放弃了到北京工作的机会，留在楠楠身边，在武汉四处找工作，终于因为专业不对口而屈就于一家小公司。而楠楠毕业后顺利地成了一位外企白领。

结婚后，不和谐的音符开始出现。楠楠身边的男人，不是经理就是总监，不是开奔驰就是开宝马，而他，只能够骑自行车。楠楠不想放弃她维护多年的爱情，更忘不掉那一个黑色的小包，里头包的不仅仅是卫生巾，还有他那最让她心动的体贴和温柔。于是楠楠开始了她的改造工程，她希望丈夫也能有所成就。

她不断拿身边的经理、总监来提醒丈夫，把他们的奋斗史讲给他听，而且她坚决不同意要孩子，说是家里条件不好，孩子生出来只能跟他们一起受苦。

在楠楠“望夫成龙”的强烈愿望和重压下，她的丈夫却选择了逃避，他把自己投放到了网络游戏里，他漠视楠楠在身后走来走去，漠视她对他的不停刺激——昨天某某送了一瓶兰蔻给妻子，今天某某为女儿办理了出国手续。

很长一段时间，楠楠再也感受不到那份包在黑塑料袋下的体贴和温柔了，他再没有了让她感动的地方，他们都累了，于是只能离婚。

楠楠的第二个丈夫，是她的部门经理，是她理想中的男人——有房有车，事业有成。当楠楠告诉他，他快当爸爸时，男人却说孩子是拖累，要她去打掉。这让楠楠很伤心，她想起一句话——男人不肯要孩子是在为以后离婚做打算，同时她也想起了第一个丈夫跟她说渴望他们有孩子的眼神。

很长时间，楠楠都习惯在第二个抽屉里拿卫生巾，可这个月当她伸手去找时，却已空空荡荡了。她这才想起，上一次买卫生巾是在去年，那还是她第一个丈夫买的。她才突然记起，自从大一那一次事件后，她的卫生巾一直都是他负责买。她泪如泉涌，原来那颗包藏在黑色塑料袋下的温柔的心，一直都没有走远，是她自己把它逼走的。她才明白，原来她渴望的不是什么成功的男人，只是那一双递过被包得整整齐齐的卫生巾的手，被这双手牵着走过一生，将是多么幸福！

然而，一切都太迟了。

女人啊！不要再逼他去做英雄了，他就是他，不是比尔·盖茨，也不是克林顿，只是你当初爱上的那个男人。

只要他对你好，只要他真心诚意，就算不完美又怎么样？真正的幸福并不需要轰轰烈烈、惊天动地。你的真心英雄就在生活的一点一滴之中。

一个狂风暴雨的深夜，一位将要临产的妻子突然腹痛不止，丈夫打电话叫救护车，不料风雨毁了道路，最后丈夫只好亲自背着妻子上医院。这时，外面狂风暴雨，电闪雷鸣，妻子下身血流不止。丈夫背着妻子在风雨里深一脚、浅一脚地艰难行走。在风雨中，丈夫喘息着说："我现在才明白，什么是相依为命。"

妻子伏在丈夫背上，微弱地说："我现在才感觉到，什么叫幸福。"

许多人也许会奇怪，在狂风暴雨中，一个血流不止的女人，竟然说她是最幸福的人。

这个女人的确是幸福的，因为她知道自己想要的幸福是什么，因为她能在最糟糕的状况下被感动，因为她能够珍惜给她感动的"英雄"。

事实就是这样，越是平淡无奇的生活越接近真实，越靠近幸福。尽管你的男人成不了什么"大气候"，尽管他有这样那样的缺点、不足，但他能让你感到幸福，他依然是你的英雄，这还不够吗？

3. 别忽视了他坚强外表下那颗脆弱的心

“再坚强的男人也有权利去疲惫！”刘德华的一曲《男人哭吧哭吧不是罪》不知触动了多少男人内心最深处那根脆弱的弦。社会道义赋予了男人一个至高无上的责任——坚强，由此，男人便没有选择，义无反顾地挑起了一个又一个重担。男人无时无刻不在掩饰内心的脆弱。因为他是男人，他必须以坚强的面目示人。

尤其是婚后的男人，他要撑起这个家，他要让老婆过上好日子，他要让孩子接受最好的教育，他要让双方的父母后顾无忧地颐养天年……

这种无法逃避的责任犹如一面旌旗，或者战斗的呼唤，成功地激励着男人们勇敢地去接受严峻的考验、克服困难，显示自己的刚毅。他就这样抑制了自己隐秘的真实的情感需求。当他力求克服恐惧和抵触心理引起的强烈反应时，他非但一无所获，反而为婚姻关系的破裂留下隐患。当婚姻关系濒临崩溃，实际上已到了不可挽回的地步时，这些被压抑的抵触情绪，会像洪水一般冲开感情的闸门。只有到这时，他才回忆起昔日的情感，认识到自己当时产生抵触情绪的真正原因。然而在这之前，他的绝大部分精力都花在了压抑、克服自己的不满情绪并把其合理化上面。

男人就是这样把自己的脆弱隐藏起来的。遗憾的是，女人却并没有真正放在心上。

为了维持婚姻关系，他还要继续忽视自己的真实情感。当他感到心烦意乱的时候，他会强忍过去，不了了之。当他没有性欲要求时，他可能惶恐不安，开始怀疑自己的性功能是否正常，同时力图克服自己的“寡欲”。有时下班后不想回家，但为了尽丈夫的责任，还得勉强回去，哪怕到家后内心充满了不快，精神萎靡不振，沉默寡言。白天，即使他满心不愿意，也要从办公室打电话给妻子，因为他感到妻子有这个要求。周末，他得烧菜做饭，跑腿打杂，修修补补，然后完全消极地坐在电视机前，努力去扮演一个称职的丈夫和父亲，当他和妻子一道与其他夫妇交往时，他又得扮演好客的主人或招人喜欢的客人，而实际上他对此毫无兴趣。

所以，他的许多行为都是违心的，只是为了满足他克服、否定和文饰消极情感的需要，这使得婚姻不可避免地变为沉重的负担，以致最后破裂。只有到那个时候，他才让长期受压抑的恼怒迸发出来。然而，在这之前他总倾向于自我仇视、自我诋毁，恨自己没有达到预期的目的，懦弱无能，或者没有像他所想像的那样，与妻子相处得更好。因此，一些自我诋毁的话，如：“你是个自私的家伙！”或“你根本不懂得爱！”以及有关这方面的各种指责，像一颗颗铁钉，将他牢牢地钉在婚姻的十字架上。

男人始于新婚的内心抵触情绪，并非幼稚和不负责任，而是一种有益的内心冲动。这对年轻人来说，无疑是真实的，而男人20多岁就被父母敦促结婚，这真是我们社会生活中男性的一大悲剧，因为他的情感远没有得到充分发展，青春年华匆匆度过，职业和思想没有得到足够的教育，也没有获得较为可靠的经济立足点。早婚将压抑的情感和经济负担压到了他的头上，束缚了他的手脚，使他陷入到一种仅仅只能维持生存的生活方式中，身心都受到了摧残。

事实上，在男性早期的心理条件下，要实现美满的婚姻，几乎是不可能的。对于男孩儿，从小就要求他富有进取、创造、挑战、奋斗及探求的精神。而女孩儿则可以从洋娃娃、过家家之类的游戏中获得快乐和教益。一般说来，男性很少参加这类活动。不管两性间这些早期心理条件的差异是好是坏，它们毕竟反映出了男性婚姻心理的实际状况。

准确地说，正是由于两性间的这些心理条件的差异，男性时常感到对扮演成熟的婚配角色力不从心。他们经常为适应情况以达到预期的目的而努力，但这与他们早期所受的教育相去甚远。他们只有改变自己固有的生活节奏，强迫自己变成另一个人，这样他们会产生一种被压迫、被掠夺感，但在他人眼里，这样却被看作是一位标准的男士。人们经常听到女人抱怨她们在婚姻中是受压迫的一方，这显然是不完全正确的。虽然她们被婚姻所束缚，但男人的心也很脆弱，因为男人在情感上对结婚还缺少充分准备，更易否认和压抑自己的个性。

这就是你身边那个既坚强又脆弱的男人，关于他的苦衷你了解多少？做女人不容易，做男人就没有难处？将心比心，做一次换位思考，小心善待你的男人吧！

4. 警惕外遇侵袭的危险期

如果家庭生活其乐融融，完美无缺，没有几个男人愿意冒着千夫所指的风险去外面拈花惹草的。男人们有外遇总是由许多外在因素所诱发的。外遇的诱因多发生在以下几个婚姻历程的危险期。

（1）孩子出生时

从爱情的角度来讲，如果结婚是考验爱情的第一个门槛，那么孩子就是第二个。不少夫妻，在有了孩子以后，往往把时间和精力全用到了孩子身上，每每忽视了伴侣的感情需要，尤以女性为甚。所以，一些“玩性”未泯的丈夫便容易烦躁不安，悄悄地向其他异性寻找安慰。

在有孩子之前，小薇与丈夫志趣相投、心意相通，是出了名的默契夫妇。然而，当婚后第3年，小薇生下女儿以后，两人的关系立刻变得不同于以往。像很多初为人母的年轻妈妈一样，小薇几乎把全部精力都投注在女儿身上。而受冷落的丈夫开始找借口晚归，说是应酬，其实是出去花天酒地。整天忙得晕头转向的小薇不仅毫无察觉，还一味责怪丈夫。起先是埋怨，渐渐上升为争吵和长期的冷战……

对孩子施爱是必要的，但这并不意味着就放弃对丈夫感情的持续投入。那样，不但会冷落丈夫而影响夫妻关系，而且也会给家庭罩上一层阴影。在此我们不妨分享一下一个小小的秘诀：你可以细心地引导丈夫加入并享受照顾孩子的过程，而不是因为嫌他“笨手笨脚”，而将他打入冷宫。一旦他从养育孩子的过程中获得乐趣，便不会太计较你对他的疏于照顾。

（2）两地分居的时候

在竞争激烈的现代社会，每个人都必须居安思危，不断充电，学习掌握新知识和新技能，才能让自己永远拥有竞争力。然而，当夫妻双方因工作的原因而分居的时候，也往往是婚姻最易出现危机的时刻。

在亲友艳羡的目光中，年轻漂亮的唐晓芙和一个广告公司的老总结婚了。结婚半年后，唐晓芙深感所学不足，加上嫁给丈夫后经济条件优越，便决定去国外充电进修。然而，等到唐晓芙一年后充电回来，却发现自己虽然仍对丈夫怀有感情，但已很难交流。眼界开阔了的唐晓芙对人生和事业均有了新的见解，希望追求一种和谐的生活状态，而丈夫仍然视公司的成功为惟一的生活目标。比如第一次激烈争吵，便是因为唐晓芙希望新年去海边度假，而丈夫却认为任何生意都不可错过，坚持要陪一个客户在市内游玩。两人都很有个性，由开始的争吵至后来的冷战，最终以离婚收场。

因工作上的原因而分居，本身并无不妥，但如何适应分居带来的一系列变化，如价值观、人生观的改变，夫妻双方都需及时调整。如果因一方取得进展，而牺牲了原本和睦的感情，未免太过遗憾。所以，把你分居时的收获及时与爱人分享并鼓励爱人充电，是一件非常重要的事情。

（3）双方事业蒸蒸日上时

当事业蒸蒸日上时，往往会使年轻的时代宠儿欣喜不已，全情投入的同时，却忘了自己的家庭也如同公司一样，需要悉心经营。

艾丽的丈夫升了职，半年后她也在公司里当上主管。为此，两人都有一种“时不我待”的紧迫感，整个生活重心都向各自的工作偏移，一整天互不联系稀松平常。一天，艾丽的“闺中密友”找她哭诉：自己和男朋友一起开公司，几年下来赚了很多钱，刚刚开始松了口气，男朋友突然卷款而去。追查之下才知对方另交了女朋友，拿了钱出国去了……“闺中密友”的可怕经历吓坏了艾丽。一天，丈夫回来得很晚，艾丽一直没有睡，坐在沙发上等他。这时她突然觉得，拥有这个丈夫、这个家，真是多么幸福的事啊！从那以后，艾丽修正了自己对工作的态度，将更多的时间用来与丈夫沟通、相伴。

（4）家庭发生变故时

当家庭发生重大变故时，比如妻子失业、丈夫破产、亲人离去等，人难免就会心情跌宕、茫然若失。如果这时得不到另一半强有力的关怀与支持，就很容易使感情从家庭中出走。

海伦的幸福婚姻有目共睹：温情体贴的丈夫，活泼可爱的女儿，新购置的价值20万元的私家轿车，装修完毕正待入住的200平方米的新居……但天有不测风云，没想到3岁的女儿突然因病夭折。在巨大的悲痛之下，海伦整天埋怨丈夫没有照顾好女儿，这使丈夫不堪折磨，只好逃避，外出喝酒、赌博、夜不归宿，直至有了婚外情，弃家而去。

当发生类似的家庭变故时，任何指责、埋怨、愤恨、挣扎都是于事无补的，夫妻应该互相鼓励、互相慰藉，携手共渡难关，才能让婚姻经受住变故的考验。

5. 别放过那些细微之处的变化

外遇作为一种千夫所指非主流的情感活动，肯定是在处处隐蔽、百般伪装的情况下进行的。但是，再狡猾的狐狸，终归逃不过好猎人的眼睛。有了外遇的男人，在日常生活中总会有一些细微的变化，不要放过这些蛛丝马迹，或许这就是他的“罪证”。

（1）热衷于穿着打扮

通常，有了外遇的男人，最显著的变化首先反映在穿着打扮等外观形象上。平常不用香水的丈夫，突然香喷喷地回家；已近中年突然故意装扮成年轻的样子，花格子衬衫都穿上了。而且他对穿着表现得很神秘，回家之后立即换掉衣服，目的是要隐藏女人的香水气味。这时，你应当进一步留意他是否与第三者有秘密的往来了。

（2）变得异常忙碌

一个本来对单位工作并不很热心的丈夫，突然声称最近工作很忙，需要加班加点，还要到外地出差，等等，其目的可能就是为了利用更多的时间去与情人约会。

（3）家中出现莫名的电话

家中最近经常会有一些莫名或匿名的电话打来，他总抢着接电话，看到你在场便神色有异，匆匆讲几句就挂断，这很可能是他的情人打来的电话。或者，他常借故溜出去打公用电话，或常躲起来打电话，一旦看到你进房来，便立刻神色慌张地挂断电话，这很可能是正在同情人通电话。

（4）过分关心你的作息表

他突然过分地关心你的作息表，对你何时做什么，何时出差，何时加班，何时回家，打听得一清二楚，目的也许就是为了利用你不在家或外出的间隙机会，和情人幽会。

（5）对你的态度发生改变

当他在心理或行为上已经出轨时，对你的态度往往会发生明显的改变。有些人会突然对伴侣变得比以往更冷淡，更挑剔；有的人则相反，会突然对伴侣变得比以往更温柔，更热情，更讨好，有时甚至会把与情人幽会后的兴奋情绪带回家中，表现在伴侣面前。其实，当他对你的态度热得过了劲儿时，往往是因为外面有了女人，回到家又想做些补偿，不过是想平衡自己的“犯罪”心理罢了。

（6）性生活缺乏热情

性生活往往是检验夫妻感情好坏的试金石。如果发现他对性生活突然变得异常冷淡，缺乏热情，同时又无法用疾病、生理等原因加以解释，那么，你们夫妻间的关系肯定是出了问题了。

（7）开销明显增加

一个已经变心而另觅新欢的丈夫，开销会明显增加。他开始更加隐秘地积蓄“私房钱”，给你的“外快补贴”明显减少，很可能是将钱拿去给情人买礼物、陪情人吃喝玩乐了。

（8）参加以往并无兴趣的活动

利用活动时间同情人约会，是最佳借口。所以，当他总是寻找种种借口，一反常态，热心参加以往并无兴趣的活动，如晨练晨舞、晚间散步、郊游、团体聚会等等，以致很少在家陪伴你，那么就该当心了。

（9）谈话内容与往常不同

当他和你交谈时，开始说一些不像他平时所说的观点和笑话，并经常不经意地“蹦”出对某女性有好感的话来；又或者，某个同事或朋友的名字突然在他口中提到，某个常提的名字突然被回避掉了。那么，问题就值得深思和怀疑了。

（10）两张来路不明的电影票

为了躲避伴侣或熟人的视野，有外遇者的活动绝大多数是秘密进行的，但有时也会有所疏忽，露出马脚。例如，他的衬衫上有口红印、香水味，皮包里有两张来路不明的电影票，等等。只要你留心观察，都不难发现其变心的蛛丝马迹的。

以上十种情况，有一两种偶然出现，并不意味着男人在背后一定有什么阴谋，但如果几种情况同时出现，你就不能大意了。

6. 别把男人当作你生命的全部

有些婚后的女人之所以仍然感到痛苦，根本原因就是把自己男人的分量看得太重了。似乎只有把自己当作男人的影子才能生存。比如：

有些女人往往把同男人共享的活动视为只有与男人一块儿才能享受的活动，如听音乐会、听讲座、看戏、参加体育运动等，一旦他们想从这些活动中抽身出来，她就有可能感到不自在，这也使她明白，在多数的时间里，频繁的约会虽然使自己兴奋，但在本质上是无聊的，一旦身边没有男人，一切都黯然无光，一旦话题离开男人，就觉得烦躁不安，这些都说明她一旦离开男人就连自己也失去了，她的情绪完全由身边的男人决定。

我们的情绪受制于人常常是连自己也没有意识到的，意识到情爱中情商的重要也促使我们从受制于人的情绪中走出来，当爱情得不到回报时，我们可能经历比死亡更为惨烈的痛楚，因为它是对自尊心的伤害和对自信心的痛苦一击。当我们所爱的人让我们失望，我们在一定程度上要丧失一些自信心，这是相当正常的，但是倘若长期不能自拔又是另一回事了。女人对男人失望后受到的打击可能更大一些，这与男人被赋予某种权力有直接关系，男人的这种权力能证明女人作为一个情人、一个女人和一个人的价值。

女人在任何情况都不应该把决定自我感觉的权力交给男人，但还是有很多的女人因为被男人抛弃而感到自我价值的丧失。这些女人总是觉得自己被生活的力量所左右，她们自我感觉是生活的受害者，男人闯入了她们的生活，让她们感受到了一种从未有过的感觉，而当男人离开时，则带走了她们感觉良好的能力。承受生活压力的女人倾向于认为这是自己的错，这种自责加剧了痛苦。

女人长期痛苦的一个极重要因素，就是慢慢屈从于让男人来决定自身的价值。在男女的相互作用中，她们丧失了对自己内在力量的感觉，尤其当她们无力留住男人的爱时，她们会把暂时的丧失力量感与更为长久的无力感混在一起。其实，女人迟早会明白，一个男人可能离她而去，但并不能真正把她带走，只有她才是自己价值的实现者和实体的所有者。

在恋爱中不是智力，而是情绪的流露决定着恋爱的结局。要想让爱情巩固下来，男女双方都必须坦荡直率，胸襟开阔不伪装自己，也不过分地影响对方。一旦其中一个人的举止受到某种先入为主的想法和期望的支配，那么他的情绪就迅速地下降了，这将严重妨碍亲近的可能性。

男人和女人一样，都希望自己的本来面目被对方接纳，也只有自然流露才能够不造作。女人可能采取一种游离于事外的旁观者的姿态，而男人则采用一种带有预见性的谈话方式，这些都是亲近的大敌。男女交往越是轻松自如，他们就越能以愉悦的方式结合。

7. 完善自己，让“家花”比“野花”更优秀

在大多数情况下，男人之所以喜欢在外面拈花惹草，是因为“家花没有野花香”。同样是“花”，家花为什么一定要输给野花？如果家花做得足够好，甚至比野花还要“香”，哪还有多少男人甘愿冒着被千夫所指的风险去采那朵并不出色的野花？所以，从现在开始，不断地完善自己，让自己更香，更惹人采，才是预防婚姻危机的最佳方案。下面就教你几招。

（1）以鼓舞代苛求

“一个丈夫若受到苛求，他情愿住到露天的屋顶上，也不愿回到家里来。”喋喋不休的苛求让男人愈发沉溺于不良嗜好之中，如果你能接受一个“真实的丈夫”，以鼓舞代苛求，他将成为世界上最快乐、最爱你的人。

（2）随时赞美他

假如你真爱你丈夫，现在就告诉他，假如你感受到他的好处，随时赞美他。女人爱听甜言蜜语，男人同样需要这样。即使他的个子不高，也不妨让他觉得自己“高与天齐”吧！

（3）满足他的口腹之欲

没有一个男人喜欢一年到头吃“家常便饭”。你必须在烹饪艺术上下一番功夫，以博取他的宠爱。当他发现离开你他不可能吃到一顿称心如意的晚餐时，他这一辈子就会跟定你。

（4）保持窈窕的身段

所有的丈夫都希望他的妻子是一个曲线玲珑的女人，如果你的体重超重，你必须立即采取行动来消除身上那些不受欢迎的脂肪，否则，恐怕你

整个人都不会再受欢迎了。

（5）衣着翻新

没有比长年累月穿同一件衣服、同一件睡袍令人意兴索然的了。而精心刻意的穿着可以带来罗曼蒂克的气氛，使他对你永远保持新鲜的爱情。

（6）做他的“性对手”

专家提醒妇女们：“不要老是按照同一模式，在同一时间中做爱。”让你们的性爱有生气，不只是无可奈何的发泄以及冰冷的回应。性生活不协调是感情不睦的导火线。聪明的人知道，家务事里也包括对丈夫肉体上的安慰在内。

（7）争取时间，做事有计划

一个做事无秩序的妻子绝对不可避免成为一个黄脸婆。如果你每天花几分钟把待做的事按先后顺序计划一下，就可以省去许多无谓的忙乱和焦躁。只要充分利用时间，你就可以完成一切丈夫所期望于你的事务。

（8）量入为出

不要埋怨丈夫赚钱不够多，要在有限的收入中审慎支出，依照预算处理家庭财政。使经济生活安定乃是减少夫妻龃龉的好方法。

（9）妥善照顾家庭

丈夫喜爱的妻子通常也是儿女的好母亲，把家整顿好，把孩子教养好，你自然就拴住了丈夫的心。

（10）保持自信

若你不能爱自己，你就无法爱别人，也无法让人爱你，因为你一无可取，也一无可予。你接受你丈夫，同时也要接受你自己，自信能让你做到你想做的任何事。

女人若想在自己男人的眼中出类拔萃，其实很简单，并不需要去什么高级的补习班学习深造，只需在日常生活中稍加注意即可。有些事情说起来很复杂，做起来其实很简单，只要用心去做，每一个细节上的完善都会使你的魅力大增。

8. 给你的婚姻上一把坚固的锁

在婚后的生活中，几乎每一个女人都想把握住自己男人的一举一动，梦想他们一下班就回家，不惹事生非，不拈花惹草，开了工资悉数上交，随时报告钱的动向，等等，可见女人的掌控欲是非常强的。尽管女人们的初衷都是好的，无非是给婚姻上把锁，防盗，防分裂。可是这种主观上略显“霸道”的行为，效果一定尽如人意吗？

实际情况是女人的控制欲常常令男人反感不已，但更令他们反感的是女人实施自己的控制的手段。在试图控制自己的男人时，女人常常不经意地侵犯了男人的隐私，比如男人晚归时，如果没有给女人一个令她满意的答案，她就要疑神疑鬼，进而搜查男人的手机、邮箱，一旦查到蛛丝马迹，就兴师问罪。

女人天生的敏感加上强烈的不安全感，使女人在这种时候往往表现得不够理智，有些女人甚至无中生有，非要男人解释本来就不存在的事情，结果逼得男人不得不说谎。时间久了，男人就会感到不平：“本来没有的事，非要我担这样一个虚名。与其这样不明不白，还不如真的犯错误。”这样想着，没有的事情反倒真的发生了。这就是敏感的女人所要付出的代价。

10多年前，亚杰背着一个小背包和500块钱来深圳闯天下。10多年过去了，亚杰和本地女孩禾苗成了家，有了一对龙凤胎——两个活泼可爱的小孩，房子买了，收入不错，生活安定，这让那些和他一起打工的朋友羡慕不已。但是近段时间，一向和睦、从没有红过脸的亚杰经常和禾苗吵架。劝得多了，朋友们才明白，根源是亚杰在老家那个迄今为止尚未嫁人的女同学。

原来，禾苗一次无意中看到亚杰从前的照片，发现有个年轻漂亮的女孩和亚杰合过影，于是放心不下，苦苦追问。亚杰觉得应该对相濡以沫的老婆无所保留，于是就向老婆坦露了自己的过去，照片中的女孩就是亚杰的初恋对象。本来以为这样坦白地对老婆说，老婆会理解，就不会再疑神疑鬼了。可问题反而越闹越大。尽管亚杰和女同学早已不往来了，但禾苗仍然担心他们旧情重燃，对丈夫的承诺一点儿也不信任。禾苗成天瞪大眼睛盯着亚杰，翻亚杰的电话记录、看亚杰的短信，还偷偷查看亚杰电脑上的所有聊天记录，甚至她每天都要不厌其烦地打十几个电话问他在哪儿。久而久之，双方都烦了，便动不动把“离”字挂在嘴上。

对丈夫的不信任让禾苗的行为几近疯狂，也导致了一个本来美满的婚姻逐步走向解体。

还有一些女人的做法更让人哭笑不得，那就是盯紧男人的钱袋子。大概是此招屡试不爽，于是众人多有仿效，面对愈演愈烈之势，男人或乖乖就范，或另设“小金库”，捣弄出一些家庭悲剧，虽属意料之外，细想其实又在情理之中。

女人之所以选择这样的招法，可归因于“男人有钱就变坏”的论调，道千说万还是女人自己给自己制造出了情感失重感和信任危机感。当然大背景的演变是有些男人用钱寻欢，也加重了女人的心理负担，实乃不得已而为之，但毕竟女人此举可能是“自作孽”，可不可活只有天知地知人不知。由此有些人慨然有感——钱这王八蛋，真是肇事的祖宗。

当然，钱这鬼东西买糖糖甜，买盐盐咸，虽然不是万能的，却万万不能没有。女人知其要害，企图统管丈夫的钱囊，割断男人的钱脉，进而管住男人的身子，拴住男人的心，但又有多少男人会乖乖听话，甘愿锁在女人画地为牢的笼子里苦度余生？殊不知男人有男人的隐衷，他们要交际、要迎来送往，他们要食人间烟火，怎可一篙子打倒一船人，认为他们有钱就可能拈花惹草呢？大概上帝不喜欢女人的逻辑，常常让其所思所想悖乎情理。真把男人的钱袋子管死，家庭经济乃至家庭的一切恐怕会死去激活的基因。试想一个男人在妻子面前唯唯诺诺，在经济上无权做主，在外面萎靡不振、遇事裹足、左支右绌，几如叶圣陶写的潘先生，还不如请郎中动个手术改做阴阳人罢事，也好让医院发点小财。

平心而论，女人实在无需背上这些包袱，养儿育女，男人有责，起码留下养家糊口的票子，剩下的放他一马看他如何！至于担心丈夫变成“花心萝卜”简直如瞎子点灯，合情却不合理。实则男人“花心”与男人的钱袋并无绝对、必然的关系，何况一个“钱”字也拴不死一个人的心，尽管你看住了他的钱，但他同样可以身在曹营心在汉，同样可以任情不羁、鼠窃狗偷。倘若你命运不济，那也是天要下雨娘要嫁人的事情，谁也无可奈何。民间有句话说“好人不用管，坏人管不住”，其实很能说明这个问题。

把握男人、把握家庭的舵，是女人致力一生的学问，比一辈子学吃、三辈子学穿其实更难。管死男人的钱囊虽然简单易行甚至见效，但未免有些天真。很多时候放人一马能海阔天空、风平浪静，多一分信任和理解，更能解决问题。

随着社会生活的变化，外面的世界灯红酒绿，到处充满诱惑。生活是客观的，个人是主观的，外因不通过内因无法起作用，外在世界的诱惑固然存在，但如果你在外言行端正，此心不“花”，更不去思求正常工作生活外的异性交往或刺激，各种各样的所谓诱惑也就诱而不惑了。有的人即使不出外，他何尝不做拈花惹草之事?

聪明的女人从来不会试图去控制男人，男人的心思她也不会捕风捉影地去瞎猜。

很多女人喜欢看男人的聊天记录，而男人则往往对女人的这个要求持反对态度。很多女人见男人不愿意让自己看他的聊天记录，便心生疑问，难道是他在网上做了什么伤害感情的事？其实很多时候，男人不喜欢让你看他的聊天记录，只是想有一点隐私。聊天记录本身并不能真正危机到两人的关系，真正危机到两人关系的、破坏两人之间的感情的是两人之间的感情矛盾的增多和精神交流的减少。这才是彼此之间最需要重视的地方，也是最危险的地方。单纯地要求看聊天记录，查电话记录，偷看短信信息，这根本解决不了问题，反而只会造成男人的反感。这种心理的战斗，你能坚持多久？男女之间也一样，失去了最基本的信任，和真正出轨又有什么两样？

所以奉劝女人，若想锁住你的婚姻，让它长长久久，一味强硬地施加自己的个人意志，胡乱地控制和猜疑并不是万全之策，事实证明，最坚固的那把锁是彼此的信任和理解。

9. 关爱，婚姻生活最永恒的黏合剂

无论你的自尊心有多强，你都得承认，在大多数情况下，男人才是家庭的顶梁柱，他们整日在外奔波，家里的一草一木、一砖一瓦都沾有他们的汗水。男人很累，做男人也不容易，他需要你的理解，更需要你的体贴和关爱。

没有哪个男人愿意在外边劳累了一天，回到家还要面对一个不近人情、自私自利的“母老虎”。如果他最想要的东西没有从你身上得到，又怎能怪他“移情别恋”？

营造甜美的婚姻，拴住男人的心，关爱是有力的武器之一，关爱有时需要智慧，家庭生活有时也需要精心的策划。

安琦是一位作家，虽然经常在报纸刊物上发表一些文章，却影响不大。可是在家庭生活中，他却感觉到了前所未有的幸福温馨。

有一段时间，连安琦自己都不知道什么原因，沉默寡言的他总是能收到亲戚朋友的礼物，他十分得意，年轻漂亮的妻子则显得有些嫉妒。

情人节到了，令安琦做梦也想不到的是，他竟然收到了一束娇艳的玫瑰。满面狐疑的安琦，发现花束中还有一张卡片，写满了滚烫的情话。面对妻子充满问号的眼睛，安琦无奈地说：“我也不知道这是怎么回事，我是跳到黄河也洗不清了。”不料妻子却笑了：“呵，想不到，我的老公还有人牵着挂着，看来我们家的秀才魅力不减，当初我真的没有挑错人。”安琦暗暗感激妻子，也暗暗感谢送他鲜花的不知姓名的姑娘，是她使自己

又感到了被关爱的温暖。

怪事接连发生，安琦的一位校友兼文友，不知道为了什么，突然送给安琦一套名贵的西装，安琦坚决不收，朋友却扔下就走，还说："我也是受人所托，你不要，我怎么给你处理？"倒是妻子想得开，说："不是偷来的，也不是抢来的，你就穿上又能怎么样。"

转眼半年过去了，安琦接到了那位朋友的电话："安琦，那套西服怎么样啊？"安琦回答说自己根本没有穿过，朋友沉吟了一会儿，说："好吧，我告诉你，那套衣服是嫂子买的，她不让我告诉你，她说你收到一个陌生人的祝福一定会很开心。衣服虽然很贵重，但嫂子的心更贵重，它是金子做的。"

一双胳膊伸了过来，从后面轻轻地搂住安琦的腰，安琦抚摩着妻子的纤纤素手，热泪滴落下来。

面对这么聪明、这么懂得体贴人的老婆，哪个男人能视而不见、无动于衷?

所以不要因为已经是夫妻，就觉得表示出对对方的关心是多余的；不要因为工作忙，就忽略了给予对方关心；更不能因为生活压力大，就无心去对对方表示关心。相互的关爱，彼此的关心是夫妻间的"健康维生素"，是夫妻生活的调节剂，是让两颗心紧紧连在一起的最永恒的黏合剂。

10. 当爱已成往事

尽管不少人认为爱情并不是婚姻的全部，但没有爱情的婚姻绝对是一个悲哀，并且最终都会以悲剧收场。婚姻本是两个人相知、相恋、相爱的结果，也就是说爱情是婚姻的基础（出于其他目的组合的形式婚姻不在此列，那只是一场游戏而已，不值得探讨）。可是，并不是所有的爱情都会像当初的承诺那样“天荒地老、海枯石烂”，夭折的爱情比比皆是。都说男人善变的是心，真的，他一旦彻底变了心，多少头牛都拉不回来。对于女人来说，当爱已成往事，就没有必要再苦苦留恋了，剩下的除了痛苦和折磨，再无其他。

曾经，她和他特别相爱。相爱到离开半步就要想念，他亦对她说了很多海誓山盟的誓言，但这一切都没有挡住他变心的脚步。他还是厌倦了，提出了离婚。

她哭了又哭，求了又求，但是，男人的一颗心没有回来，他说自己已不爱了。轻易地，就放弃了一段感情，她不许他放弃，于是与他死缠烂打，就是不离婚，抱着鱼死网破的决绝。于是，他常常不回家，回家亦和她形同陌路。10年，他们过了10年无性的婚姻。

那10年，她形容枯槁、心如死灰，不再唱心爱的歌，不再穿最爱的衣裳，只准备在这棵树上吊死自己。

她独自守着一屋子的寂寞，想等待那个变了心的男人回来，但等来的，是他冰凉的言语和没有温暖的眼神，那眼神，足可以杀死她的无限希望。

终于，她的心死了。10年，足可以杀掉一个女人所有的情与爱，所以，她终于放弃了。她以为自己不会再爱了，最好的青春在等待和折磨中过去了，她多么的不甘心啊！可是不久她遇到一个特别爱她的男人，她才知道，自己虚度了多少光阴，爱情再来的时候，她简直不敢相信自己还可以这样光彩夺目，还可以像从前一样开朗、神采奕奕，有着花一样甜美的笑容……

她后悔死了，早知如此，何苦把10年的光阴赌在一个人身上呢？不值啊！憔悴了青春、憔悴了心，把光阴酿成了一杯苦酒，其实，她完全可以把爱情调成蜜糖。

重新找到爱情的她，事业和爱情一样又辉煌了。她接着出唱片、开演唱会，做太太口服液的代言人，她那么大度地笑，开心地讲自己的故事。开演唱会时唱那首《恰似你的温柔》时，她问观众：这是一首老歌吗？大家说是。她笑着说，歌是老了，但我不老，老了的只有歌。

40多岁的她，轻轻地骄傲地昂起头，对自己说：我是女人中的极品。

一个经历过婚姻风雨的女人，一个把自己沉溺了10年的女人，见到了自己的彩虹。

这个女人就是蔡琴，在音乐剧《天使不夜城》中唱着《没有男人的房子不叫家》，那时，她刚从与杨德昌10年的无性婚姻中解脱出来，刚刚知道回家要有一个男人等待着拥抱你，或者喜欢喝你亲手煲的莲子汤。而那样的幸福看似容易，其实，里面装的是爱情。

蔡琴，用10年的时间换来了心清心明，换来了一句“没有男人的房子不叫家”，所以，好的婚姻应该是有一个好男人、一个好女人，在房子里过着柴米夫妻的生活，一起做饭一起看电视一起吵架一起研究明天吃什么一起想想明天……那样活色生香的日子，才叫生活。

如果那个人背叛了你，把应该给你的爱却给了另外一个不相干的女人，再美好的生活也就成了一杯苦酒。他犯了错，而你还要为此付出惨痛的代价，这杯苦酒究竟要守到什么时候？它还会变回当初的样子吗？女人们，少一些天真，多一些现实吧！

第二章　留住你的美：四十岁的美丽一样动人

四十岁的女人常发人老珠黄之慨，即使曾经貌美如花，此时也不再自信。其实不然，二十岁有二十岁的漂亮，四十岁有四十岁的美丽。关键问题是，何必去跟小女子们争长论短，而应该发掘、利用四十岁的优势，在内外兼修中留住你的美。

1. 培育四十岁女人的万种风情

“女人四十豆腐渣”早已成为了过时的说法，现代的四十岁女人气质高贵，风情万种，比二十岁女人娇嫩的容貌、纤细的身材更具魅力。

已经告别了青春的躁动与不安，拥有的是不经意间流露出来的一种高雅，一种安详，一种含而不露的神韵。她们有着天使般的笑容，让人一味地觉得还是当年二十出头的模样，带着一点点的矜持和一点点的诱惑。她们对服饰不求露的骨感美，但求有品位有情调，一种醉心的女人韵味，风情含蓄收敛。她们的眼神春波荡漾却不失沉着，读出的是一种明媚和风情万种。她们的声音充满着磁感柔性，悦耳动听，但闻其声即使是狂热烦躁也便心静如水。她们流露出的永远是自然的本性。

她们和男人一样在职场上拼搏奋斗，谈笑风生。她们对自己从不苛刻，想玩想吃，随心所欲。她们心态平和乐观，人到中年却风韵犹存。她们仍然保持着苗条的身材，凸凹有致，对女人的韵味把握得恰如其分，即使不动不摇，依然春光灿烂，读来如一首风情极致的诗歌。

她们真正地理解了女人味道的本质——不再修饰而一任天然的释放，所以张扬得有板有眼，把女人生命中美好的娇艳展现出来，又不走火入魔地使自己沦落于卖弄。她们在生活中扮演着多重角色，她们有着为人妻的娇媚，有着为人母的祥和，有着为人女的孝顺……她们经历了太多的沧海桑田，她们学会了在快乐中找回自我，在快乐中与青春相伴，在快乐中挥舞潇洒。

她们找到了真正女人的温情和味道：一种挡不住的芬芳和媚惑，一种淡淡的柔柔的感觉，一种卓尔不群的遐思，一种让男人闻到就心跳、让女人闻到就嫉妒的味道，这就是40岁女人的味道。

时间和生活能够带走漂亮的容颜，风情却不受其限制。风情是一种情调与韵致，它是附在女人身上的精灵，活色生香，让人琢磨不透。有人说，“风情”二字，女人不到一定年龄，强做不来；男人不到一定年龄，给他看也是白看。女人的风情，是一种韵味、一种灵感。它不同于性感，因为性感来得太实际，似乎硬生生地把灵与肉分开。而现在满世界都是漂亮女人，但形神间总觉得缺了点儿什么，只是美而已，却少了撩人的韵致，难以给人深刻的震颤。

在当代的女明星中，有几个40多岁的中年女性，她们的确堪称“风情万种”。她们的美打动人心，令人难忘。

赵雅芝歌声虽欠，但岁月似乎特别爱惜她的容颜，在她身上找不到一丝老态，依旧那么明艳照人。一袭露肩短裙，一条雪白狐皮围巾搭在肩头，青丝高绾，珠链在颈上绕了几圈后优雅地垂在胸前，整个人举手投足间尽量高贵明丽、熠熠生辉。

陈慧娴，如她的《红茶馆》一样让人感到心灵舒适、自然放松，一袭丝质黑衣裤随风飘摆、毫不沉闷，虽是酷暑，却仍让人感到一丝清凉。圆润的脸庞，丰满的身材，大方的举止，就像她的歌声一样韵味十足、深情款款。

张曼玉，刚出道时寡淡僵硬，然而她后来的沧桑都蜕变成了美丽。在《阮玲玉》里，她的身姿与上世纪30年代的衣香鬓影重叠，从此便是复古风中的翘楚；在《滚滚红尘》中，她一派轻狂娇痴，又开了快乐新美人的先河……她常去欧洲，后来在巴黎恋爱……偶尔惊鸿一现，浪漫旖旎、风情万种。

当然，也不是每一个40岁女人都当得起“风情万种”这四个字的，风情需要修炼，需要培育，它是女人生活状态的精神化版本。

服饰：不求性感，但求情调。不追寻品位格调，却醉心于女人的韵味。在她看来，黑色的网眼袜过于性感招摇；她更倾向选肉色或藕色丝袜，那可以使她的双腿更迷人，她腿上的风情更显得含蓄与收敛。

眼神：春波荡漾，勾人魂魄，但绝不狂野。读得出明媚，却不羞涩。

音色：充满磁感，悦耳动听。但闻其声，足以让人想入非非。即使嗲，也不让人感到妖冶；适度缠绵，不会使人腻恶。

香水：她愿意在香氛中存在，而且这芳香又比较迷人，那她便是一首风情小诗，足以引起别人注意，使人感到别有韵味。

天性：她相信风情是与生俱来的，展露风情更需要天赋。卖弄风情，只会是蹩脚的表演。风情需要自然地流露。在调制风情的过程中，因天性使然，她永远是个天才的“调酒师”，色泽品味俱佳，不会失手，更不会不到位。

修养：她相信修养与天性是小鸟的两只翅膀，共同展翅才能在风情世界里飞翔。缺失天性万万不能，有天性而无悟性同样不能。悟性的一半来自修养。它需要修炼学识、修炼人格、修炼文化，真正地理解女人风情的本质，张扬得有板有眼，敛放得当。把女人生命中美好的娇艳释放出来，又不走火入魔地使自己沦落于卖弄。

身份：女人可以扮演多种身份。每一种身份，都可对应风情的浓度。当她成为恋人时，她可以有西施般的风情；当她成为妻子时，她便有娇妻般的情怀，当她成为母亲时，她的风情就比较成熟，更具有慈母情怀；当她徐娘半老时，她虽然风韵犹存，但毕竟经历了太多的人生沧桑，风情也就变得醇厚、浓重，充满质感。这是风情的四季风景，是主流社会设定的文化公式。

2. 让化妆还原你的美丽

人们常说："三分长相，七分打扮。"一个四十岁的女人，如果不懂得利用化妆来演绎自己的风情和美丽，那真是一种遗憾，而如果一个女人太看重化妆而又不懂化妆，那就更让人惋惜了。

我们其实渴望自己是化不化妆都很美的女人。就是说，我们不能总是"一张不化妆的脸"，也不能总是"一张化着妆的脸"。那都太单调、太欠丰富。

女性在化妆时的表情和心情是最好的，抹眼影涂口红的瞬间，眼睛和身心都会因为美丽的层层实现而大放光彩。卸妆时则有卸下束缚的放松感和自由感带来的美丽。

女人身上总有一场看不见的"化妆"与"素面"的争论，她们在比较谁更漂亮。此时的女人一定会站在"素面"一边，因为女人在无意识中都希望自己化妆前比化妆后更美丽。实际上这种美化了"素面"不输给"妆面"的心理会成为一种能量在每晚鼓励着女人，使"素面"真的会增添些美丽，而不怕年龄的增长。不久后，女人又希望用化妆使"素面"的美丽增倍，渐渐地，随着化妆技巧的提高，"妆面"也变得更美了。

"素面"与"妆面"来回交替的过程中，女人变美了，这就是化妆真正应达到的效果。因此，女人谨记，千万不要成为"永远不识真面目的女人"或"永远不化妆的女人"中的任何一种。

有一位四十岁的化妆师，她是真正懂得化妆，而又以化妆闻名的。

一次，有人问她："你研究化妆这么多年，到底什么样的人才算会化妆？化妆的最高境界到底是什么？"

对于这样的问题，这位百媚千娇的化妆师露出一个浅浅的微笑。她说："化妆的最高境界可以用两个字形容，就是'自然'，最高明的化妆术，是经过非常考究的化妆，看起来好像没有化过妆一样，并且这样化出来的妆与主人的身份匹配，能自然表现那个人的个性与气质。次级的化妆是把人突显出来，让她醒目，引起众人的注意。拙劣的化妆是一站出来，别人就发现她化了很浓的妆，而这层妆是为了掩盖自己的缺点或年龄的。最差的一种化妆，是化过妆以后扭曲了自己的个性，又失去了五官的协调。"化妆师又继续说，"这不就像写文章一样？拙劣的文章常常是词句的堆砌，扭曲了作者的个性。好一点的文章是光芒四射，吸引了人的视线，让别人知道你是在写文章。最好的文章，是作家自然的感情流露，不是堆砌，读的时候不觉得是在读文章，而是在读一个生命。"

多么有智慧的人呀！

"化妆的人不只是在表皮上做功夫。"化妆师说，"化妆对女人来说只是最末的一个枝节，它能改变的事实很少。深一层的化妆是改变体质，让一个人改变生活方式。睡眠充足、注意运动与营养，这样她的皮肤改善、精神充足，比化妆有效得多；再深一层的化妆是改变气质，多读书、多欣赏艺术、多思考、对生活乐观、对生命有信心、心地善良、关怀别人、自爱而有尊严，这样的人就是不化妆也丑不到哪里去，脸上的化妆只是化妆最后的一件小事。我用三句简单的话来说明，三流的化妆是脸上的化妆，二流的化妆是精神的化妆，一流的化妆是生命的化妆。"

然而，岁月无情，时间是摧毁女性娇容最残酷的杀手。谁也无法拦住时间的列车，也无法使自己的肌肤永远像少女一样娇嫩白皙。于是，用化妆来掩盖岁月之痕，便成为古今中外女性留住青春的重要手段。

其实，浓妆艳抹毕竟只是一种精神上的自我安慰，化妆品美容的功效毕竟是经不起岁月考验的。美不仅仅表现在肌肤的细嫩白皙上，女性的美更表现在气质优雅、成熟、有文化的内涵上。于是，一些聪明的女性在充分认识化妆品美容功效的局限性后，开始将心思用在了培养气质美、成熟美、情操美，以及丰富心灵的内涵上，这样的美才能愈久愈醇，永葆活力。

岁月不饶人，要使四十岁的女人容颜鲜艳明媚，需要一些技巧。

（1）粉底别打得太厚

年轻最重要的标志是能素面朝天。四十岁的女人是走在年轻边缘的女人，厚厚的粉底会突显老态，因此妆扮时应选择稍有遮盖力的液体粉底，用以打造面部底色，突出妆面的素净感觉和迸发活力。

（2）只画上眼线

眼线的年轻化修饰，通常是只画上眼线，且保持眼线光滑圆润。操作时，最好用右手持眼线笔，左手轻轻掀起或向上撑开上眼皮，由外眼角往内眼角描画。描画时，需一点一点地移动，并保持线条光滑圆润，这样才会让眼睛看起来水灵、有朝气。

（3）亮色粉底，提亮黑眼晕

40岁左右的女人，眼部是最早衰老的。如果眼睛下方出现黑眼晕，会让魅力大打折扣。这时，抹一点比肤色稍亮的粉底，会为肌肤提亮不少，让人一时猜不出你的年龄。

（4）巧画眉形凸显年轻

若想有一双年轻漂亮的眼睛，光描画眼睛是不够的，修饰眉毛也是一大关键。现如今，高挑细眉已不再吃香，较粗、而眉梢处略略上扬的眉型最能给人自然的感觉。如果你仍嫌不够，想再时尚一些，不妨刷上一些深色的眼影粉，保准效果一流。

（5）唇妆靓丽要多修护

重眼妆不重唇妆的形象，可以令40岁的女人在成熟的魅力下隐隐透着年轻的活力。当然，我们所说的“唇妆不要太重”，只是指唇妆要色淡，趋于自然。这时，一抹略深的肉色就足矣。但如要造就娇唇欲滴的感觉，别忘了再在唇膏上涂上一层修护油。要么，一抹略带粉色的唇彩也能达到同样的效果。

（6）年轻态腮红，用蝌蚪形说话

腮红不应是涂鸦，想有年轻态的腮红更要花些功夫。一般地，40岁的女人宜以接近肤色，略带润红效果的颜色为最好。而淡淡的粉色应该是最有说服力的。操作时，先蘸取少许腮红，将腮红刷上的干粉轻轻抖落在手背上，再刷上脸。具体的修饰部位应在颧骨与颧弓之间。切忌打得太生硬或太深。蝌蚪形的腮红形状会让你显得更年轻。

漂亮得体的妆容，可以让你淋漓尽致地展现自己的魅力和风采，掩藏你的年龄，帮你重现青春光彩。

3. 娇嫩的肌肤是养出来的

对于女人，四十岁可能并非处在人生的关口、转折点，但是在容颜、生理、身体方面却是一道分水岭，四十岁以后这些方面都会发生越来越大的变化：卵巢开始老化，女性荷尔蒙不再增加分泌，肌肤开始变得干燥缺水，粗糙无光泽，甚至变得缺乏弹性。尽管我们每天喝大量的水，吃大量的水果仍无济于事。眼睛周围出现一些细细的皱纹，甚至脸部会出现一些黄色或褐色的小小斑点，小腹和背部的肌肤松弛甚至可能伴有太多的赘肉，出现让人难堪的花纹——橘皮组织，更有可能胸部会受地球引力的影响出现下垂现象。这些都是天性爱美的女人所无法忍受的。所以即将步入四十岁或已经步入四十岁的女人们要注意了，一次面部DIY或专业美容胜于一万句的大道理，让我们行动起来吧！从呵护肌肤开始。

肌肤是世界上最禁不起岁月考验的：二十岁之前光鲜柔嫩无比，爽滑得犹如绸缎，"肤若凝脂"、"冰肌雪肤"，或许曾是往日最大的骄傲与资本，即使不如此，光滑有弹性的皮肤却也到处张显青春的美丽；三十岁却开始暗淡了，犹如皎月蒙上了一层暗淡的云彩，尽管皎月依旧，却没有了往日的光芒与亮丽；四十岁以后就开始褪色了，犹如一块鲜艳无比的布，经过多次洗涮，已褪掉初始的鲜亮，全无当日的神采。

道理虽是如此，但如果我们能够精心呵护、细心保养，即使是饱经岁月磨砺的肌肤，依旧可以重新焕发出青春的光彩。

在这之前，我们可能是延续以前的护肤方法，以清水洗脸，简单地涂抹一些润肤霜。那么从现在开始我们要牢记，一定要用正确的方法小心呵护肌肤，千万不要因为嫌麻烦而放弃。哪怕只是偷懒一周，以后可能会后悔几十年。

我们的肌肤首先需要进行以下几项修补工程：

购买至少一套基础护理的产品，做好皮肤的基础保养，一定要养成完全卸妆及彻底清洁面部和颈部皮肤的习惯，以防止毛孔被堵塞而变得粗大和潮红、粗糙，让肌肤在一天的疲劳后通畅。同时在高效保湿和美白上要特别的注意，对受损的肌肤开始重新护理。

停止使用磨砂洗面奶。四十岁女人的皮肤抵抗力本来就变得比较脆弱，如果再天天使用磨砂洗面奶，使皮肤表层变薄，皮肤会变得过于敏感，但是如果长期不清除面部新陈代谢遗留下来的角质层，那会使皮肤变得油腻，不光滑，无法吸收营养。因此，也要做好去角质的保养工作，每周可做2~3次去角质的按摩，这样可以促进血液循环，加速皮肤新陈代谢，使皮肤湿润而富有弹性，防止面部肌肤下垂。

使用隔离霜来保护皮肤免受外界空气污染等不良因素的影响，外出时，一定要做好防晒工作，比如在外露于阳光的部分涂抹防晒霜，打遮阳伞等等。避免紫外线对皮肤造成的伤害。

四十岁，我们的肌肤已无二十岁的水嫩光洁，这就需要我们给自己的肌肤多一分呵护，让其充满活力，保持弹性，毕竟皱纹和皮肤松弛、老化不是一两天就形成的，它是一个从量的积累到产生质变的过程。在以上修补工作的基础上，我们还可以做一些更深入的保养工作，保湿、防皱、美白一样都不能少。

保湿实际上就是给干燥的肌肤补充水分。补水可以有两种渠道：内补和外补。内补就是直接喝水。一般的凉白开、纯净水、矿泉水、果汁、水果等都可以。正常情况下，每天饮用1000毫升的水即可维持皮肤含水量的平衡，保持新陈代谢的正常运转。每天的饮水应当分布在不同时段，早上空腹喝一杯水是必需的，这不但可以补充夜间水分的流失，也有助于排除体内积聚的毒素，具有清洗肠胃的作用。一天的饮水时间可根据自身情况而定。外补就是要让皮肤直接吸收水分，每次洗脸后可以先不要擦干，用手轻拍脸部皮肤，一方面可以促进皮肤吸收水分，另一方面可以促进血液循环，保持皮肤的光泽红润。几分钟后用毛巾擦干，再轻拍上一些爽肤水、化妆水，加以按摩，让皮肤充分滋润。

尽管我们可以做如此种种的保湿、滋润、清洁工作，但岁月仍会在我们可怜的身体上留下痕迹，我们能做的也仅仅是延缓它到来的时间和它影响的程度。而这也足以让爱美的女人们趋之若鹜。换个角度想一想，也是啊，既然这些材料是我们唾手可得的，又能有一定的功效，为什么不试一下呢?

祛皱饮食秘方：

（1）米饭团去皱

当家中香喷喷的米饭做好或饭后有剩余的米饭时，挑些比较软的米饭揉成团，放在面部轻揉，把皮肤毛孔内的油脂、污物吸出，直到米饭团变得油腻污黑，然后用清水洗净脸部，这样可使皮肤呼吸通畅，减少皱纹。

（2）猪皮去皱

皮肤真皮组织的绝大部分是由具有弹力的纤维所构成，皮肤缺少了它就失去了弹性，皱纹也就聚拢起来。猪皮及猪的软骨中含大量的硫酸软骨素，它是弹性纤维中最重要的成分。把吃剩的猪骨头洗净，和猪皮放在一起煲汤，不仅营养丰富，常喝还能延缓皱纹生成，使肌肤细腻。

（3）猪蹄去皱

用猪蹄数只，洗净后煮成膏状，晚上睡觉时涂于脸部，第二天早晨再洗干净，坚持半个月会有明显的去皱效果。

（4）水果、蔬菜去皱

香蕉、西瓜皮、西红柿、草莓、黄瓜等瓜果蔬菜对皮肤有最自然的滋润作用，去皱效果良好，平时应多食用，又可制成面膜敷面，能使脸面光洁，皱纹舒展。像西红柿可捣碎取汁，然后加适量蜂蜜，搅至糊状。均匀涂于脸部或手部，待约15分钟后洗去，一般1周1~2次，具有很好的去皱美白效果。

（5）茶叶去皱

茶叶含有400多种丰富的化学成分，其中主要有茶多酚类、芳香油化合物、碳水化合物、蛋白质、多种氨基酸、维生素、矿物质及果胶等，是天然的健美饮料，除增进健康外，还能保持皮肤光洁，延缓面部皱纹的出现及减少皱纹，还可防止多种皮肤病，但要注意不宜饮浓茶，尤其是睡眠质量不高，神经衰弱者。

曾经，我们的皮肤娇嫩如盛开的鲜花，光洁如一块极品的玉，吹弹可破，总之用什么语言形容都不为过。但时间如同一个魔鬼，非要拿走女人们的这些外在资本，赋予女人另外一些东西。于是，智慧的女人们千百年以来与皱纹、衰老进行抗争，为保卫属于女人自己的东西而努力。一个个光鲜靓丽的女人诞生了，如掉落尘世的精灵，是人世间的尤物，成为五彩缤纷的世界里最亮丽的那道颜色。

4. 要了解与美丽有关的各种营养素

不同的食物含有不同的营养元素，有些食物所含的营养元素会使女人身形挺拔，皮肤红润光滑，因此我们不妨称之为美丽的营养素。那么，让女人更美丽的营养素都有哪些呢？

（1）水分

人体组织液中含水量达72%，成年人体内含水量为58%～67%。当人体水分减少时，会使皮肤干燥，皮脂腺分泌减少，从而使皮肤失去弹性，甚至出现皱纹。因此，为保证水分的摄入，正常人每日饮水量应不少于1000毫升。

（2）含钾的食物

钾是维持皮肤和机体的酸碱度、维持细胞内的渗透压和正常的新陈代谢必不可少的元素。正常成年人每日钾需要量为2～4克。主要食物来源：麸皮、豌豆、大豆、马铃薯、甘薯、萝卜、榨菜、花生、海带、紫菜、肉松、咖啡、茶叶等。

（3）含维生素A的食物

维生素A可使人目光明亮，皮肤滋润细腻。主要食物来源：动物肝脏、全脂奶及其制品、绿色和黄色蔬菜、红心甘薯、胡萝卜、青椒、南瓜等。

（4）含维生素B2的食物

维生素B2的功能是保持皮肤新陈代谢正常，使皮肤光洁柔滑，展平褶皱，减退色素，消除斑点。缺少维生素B2可致黏膜过敏和发生皮肤炎症。

主要食物来源：动物内脏、肉类、豆类及花生、糙米。

（5）含维生素C的食物

维生素C是一种抗氧化剂，它可减轻皮肤色素沉着，防止黑色素生成，因而能使晒黑的皮肤恢复白皙柔滑的本来面目，维生素C制剂如摄取过量，可导致结石或溃疡。主要食物来源：柑、橘、橙、柚、鲜枣、猕猴桃、草莓、梨、菜花、莴苣叶、柠檬、西红柿、山楂以及各种深色蔬菜。

（6）含维生素D的食物

维生素D可预防儿童轻度佝偻病和中老年骨质疏松症的发生。主要食物来源：海鱼、动物肝脏及蛋黄、奶油、干酪、鱼肝油等。

（7）含维生素E的食物

维生素E可提高维生素A的吸收率，减少和防止皮肤中脂褐质的产生与沉积，可预防青少年面部痤疮，颇具护肤养颜、抗衰益寿的功效。主要食物来源：植物油、大豆及其制品、绿豆、赤小豆、黑芝麻、核桃、鸭蛋、大蒜、菠菜、鲫鱼及海虾。

（8）含纤维素的食物

很多女人都有便秘问题，便秘可导致机体产生各种症状而诱发多种疾病，便秘也可使面色萎黄而失去应有的光泽。富含纤维素的食物可防治便秘。主要有：各种蔬菜、水果和非精制食品。

（9）含铁、锌丰富的食物

皮肤的光泽红润，需要充足的血液。而铁是构成血液中血红蛋白的主要成分。锌也是体内不可缺少的微量元素，它参与人体的各种生理活动。锌在皮肤中的含量最高，约占20%以上，决定着皮肤的光滑和弹性程度。因此，应适量多吃富含铁、锌的食物，如动物肝脏、蛋黄、海带、芝麻酱、瘦肉、牡蛎及海产品，以促进皮肤的健美。

所谓美容也不过就是内调外养，通过调节饮食来美容既科学又健康，只要坚持下去，四十岁的女人就一定能够吃出美丽来！

5. 别让发胖毁了你的美丽

四十岁女人美丽的大敌就是身材发胖，一些女人为此费尽心思：吃减肥药，怕反弹；做运动，没时间……其实，中年女人要维持姣好身材，只要通过健康饮食就可以做到。

发胖其实是因为摄入的热量多过了需求，因此控制饮食就成为最佳减肥之道。塑身专家为广大女性提供了一种饮食减肥法，总共有九项要点须坚持做到：

（1）早餐吃得像皇帝，午餐吃得像绅士，晚餐吃得像乞丐

据美国生理学家研究报告指出，人体的新陈代谢率是上午优于下午，下午大于晚上，换言之，晚上吃的多较容易“发福”，故不吃早餐并不会对减肥有益，而且早餐是一天的能量来源，是非吃不可的！

（2）多吃粗粮

香甜的白米饭是中国人惯吃的主食，但白米在加工过程中，会碾除富含纤维和维生素的糠和胚芽，所以吃白米饭只能摄取到热量，却得不到营养。

因此，四十岁女人最好能改变饮食习惯，以糙米、全麦制品等粗糙食物替代精制的白米，这样不仅能吃到更多营养素，膳食纤维还可以预防便秘、大肠癌、心血管疾病，对想减肥的人也是好处多多。

（3）口味要尽量清淡，饮食少盐

虽然生菜沙拉、水煮青菜的确是减肥者理想的食物，但若淋在上面的

是厚厚的一层沙拉酱、肉末、酱油，那减肥大计可就完全失败了。因为凡油、盐、糖、味精等调味料，皆是高热量。如果你是习惯吃重口味的人，其实可以另外选择富含葱、姜、大蒜、胡椒等天然香辛料的食物，这样既能让食物味道更鲜美，也更有益于健康。

（4）饭前先喝一碗汤或一杯开水控制食量

吃饭时，你是否习惯将最爱吃的食物留到最后慢慢品尝？即使吃得很饱了，还是不忘来碗热汤？其实，这些错误的小习惯，就是让你瘦不下来的原因！饭后喝汤，容易使人吃得太撑，且会冲淡胃液、影响消化；喜欢吃的食物留到最后，则会悄悄地增加你的进食量，想要瘦身成功的人，最好开始改变进食的习惯，饭前先喝一小碗清汤或一杯开水垫垫底，有喜欢吃的食物就先别客气，养成了这样的饮食习惯，便能在无形中达到减量饮食的效果。

（5）拖延进餐时间

愈要费工夫去剔骨、拣刺的食物，就愈能拖延你的进食时间，满足你的咀嚼欲望，提早出现饱腹的感觉。

（6）食物至少咀嚼10～20次才吞咽

瘦身的聪明用餐法，应是尽量拉长用餐时间（一餐至少花20分钟以上），更重要的是要细嚼慢咽，每口都至少要咀嚼10～20下，这样既可提早产生饱腹感，也能减轻胃的负担。

（7）吃到八分饱

吃饭只吃八分饱，这是许多长寿者的养生秘方，对于时时不忘减肥的广大女性，“八分饱”更是比计算卡路里更方便有效的法则，因为如果过度限制热量摄取，往往会令人饿得半途而废，但若选择有营养的食物吃到八分饱，则不仅不会让人觉得饿，且还能自然地每天至少减去约500千卡的热量哦！

（8）未到饭点感觉饥饿时可吃低热量小零食

有些女性喜欢在两餐之间吃些零食，如果你正在减肥，还是少吃为妙。如果实在太饿，实在很想吃东西，那就吃吧！吃点超低热量的食物，例如琦箣、高纤饼干、果冻这些都是可以马上满足食欲，吃进肚子里又能占满胃部空间，同时热量又超低的减肥好帮手。

（9）多喝水

多喝水会瘦，这是每个减肥的人都赞同的一个方法，不过可不是随便多喝水就会瘦，你还要选对时间喝、而且喝对水，否则只会发生水肿现象。专家建议其中一个绝佳的喝水减肥时间，就是肚子饿、想吃东西的时候。喝什么水也是一种学问，一般来说白开水、偏碱性的苏打水，或是最近很走俏的气泡水，都很适合喝水充饥时饮用，控制食欲的效果又快又好。

需要注意的是身体肥胖的四十岁女性往往在决定减肥后总想“一夜之间恢复年轻时的苗条身材”，但这种急功近利的思想结果只能导致事与愿违。

因此四十岁女性在减肥时一定要基于个人自身的实际情况，切不可盲目“好高骛远”，否则只会使“减肥大计”以失败告终。

6. 不要做那个人看人厌的黄脸婆

没有女人愿意成为黄脸婆，四十岁女人无时无刻不想摆脱这个称号的困扰。其实，只要找对了方法，告别“黄脸婆”封号并不是什么难事。

如何让四十岁女性重现美丽呢？最科学的方法是对症下药：

（1）皮肤衰老

“衰老型黄脸婆”的主要问题，源于肌肤表面老化细胞的沉积，所以只要去掉这些老化的细胞，就能让肌肤净白、通透。

应对措施：海洋珍珠

特殊工艺的海洋珍珠成分，是一种天然高效的“去黄”营养剂，它可以抑制黑黄色素，温和去除老化细胞，让肌肤滋润、柔软、光滑洁白。明代李时珍所著的《本草纲目》中记载：“珍珠涂面可令人润泽好颜色，除面（斑）。”

（2）经常熬夜

有没有想过，影响到你肌肤状况的还有可能是你的生活习惯问题。经常熬夜，生活规律极不正常，可能让你成为一个不折不扣的“黄脸婆”。

经常熬夜的女人，睡眠质量不能够得到保证的同时，会直接导致肠胃功能的下降，从而使得消化吸收的功能降低，产生的直接后果，就是使得皮肤不能够得到充足的营养，从而导致皮肤黯淡无光。

应对措施：早睡早起

正常的作息时间是最有效的美白、去黄方法。晚上10点到凌晨3点，是皮肤新陈代谢最旺盛的时间。如果此时仍处于紧张或者兴奋状态，皮肤的“吐故纳新”就会受到抑制，毒素长期不能有效排除，就会令肤色晦暗发黄。所以尽量不要熬夜，宁可第二天早上起来接着工作。

要使自己安睡有几大方法：上床前2小时洗澡，不吃重口味的食物，不做过度的运动……另外，睡前喝杯热牛奶，吃面包或水果，也有助于入眠。

（3）紫外线辐射

日晒对皮肤的伤害已经人尽皆知了，可我们还是要强调：抵挡紫外线，减少黑黄色素的形成。所以，无论哪一种肤质，要想美白，都要防晒。

应对措施：防晒SPF

日间出门要擦含SPF配方的润肤液，如果你嫌防晒产品涂了不舒服，可以选用SPF值低一些的，如SPF15，如果你不经常在户外运动的话，这就可以有效阻挡大部分紫外线了。

（4）皮肤干燥

这一类的“黄脸婆”往往对于美白存在一定的误区，她们认为天热时既要去油又要美白，保湿是多此一举的。其实美白本身是一个净化的过程，黑色素从表皮细胞脱落后，皮肤表层变干净的同时，需要添加水分及营养来保护。

去黄方法：骨胶原

来自海洋的骨胶原成分则更是促进美白的良方，它能维持肌肤美白所需的营养，还能够增加肌肤的弹性和保湿度，让皮肤白得通透水润。

（5）压力过大

如果你的生活、工作、情感方面的压力长时间不能得到排解，这种心理上的紧张压力，会直接影响副肾皮质荷尔蒙。副肾皮质荷尔蒙具有加强全身抵抗力，以对抗心理压力的作用。如果心理承受的压力长期不能够得到缓解，则副肾皮质荷尔蒙的分泌机能就会衰退，于是肌肤就会相应地失去抵抗力，容易产生斑疹，也容易出现雀斑、青春痘，让脸色变得“暗黄”。

应对措施：去除你情绪的“暗黄”

调节你的情绪，别让生活各个方面的“想不开”破坏了你的心情，影响了你的生活质量，也影响了肌肤的亮采。减除压力的方法有很多，比如：上健身房做一些有氧操或瑜珈，看电影、看书……试着找到适合自己的减压方法，就可以恢复肌肤白皙。

（6）吸烟

香烟的“烟污染”，会令皮肤产生大量的自由基，令血液和淋巴的循环不畅，皮肤毒素不能有效排放，就会使肤色发黄，同时也可能导致色素沉淀。

应对措施：戒烟

泛黄的手指、斑驳的牙垢，都是吸烟留下的“后遗症”，所以要使脸蛋儿透出光亮、润白，戒烟势在必行。

“去黄”将是一项长期而艰难的工作，你必须长期坚持，当然除了这些保养，化妆对女人来说也同样是必需的，它也许不能从根本上改变你的肌肤状态，但至少可以为你增加自信。

7. 适度排毒让你更轻松

我们的身体是一个拥有庞大系统的“工厂”，有投入就会有排出。但并不是每次的排出都是彻底的，都会遗留一点在某个角落，如果我们不加以留意，及时清除体内毒素，这些毒素积累起来会是非常恐怖的，不但会让我们的容颜减分，也会对我们的健康形成潜在威胁。

油分：油分会刺激皮脂腺的分泌，会溶解外界物质中的毒素如防腐剂等，令其更易渗入身体组织。

巧克力：巧克力会导致暗疮出现，主要因为其中的糖分含量较高。糖分会大量地消耗维生素B1、B12，阻碍维生素C的吸收，扰乱皮肤的代谢规律。

神经毒素：紧张与压力会令神经末端分泌出一种物质，令皮脂腺变得活跃，增加油脂分泌。

成人暗疮：不少人度过青春期后，脸上的暗疮反而有增无减。当体内的毒素无法从尿液、汗水、排便等方法排出体外时，便会从皮肤中显露出来。

肠胃的毒素：食物里有添加剂、残余的农药、化学药品等，而对人体有害的毒素也和食物一起到达肠胃，毒素也会对肠胃绒毛构成伤害。

肝脏的毒素：肝脏是身体的解毒器官，未能完全除去的毒素，便会随肝脏循环带到十二指肠再吸收，血液因而变得污浊、黏稠，影响新陈代谢。

（1）清除肺内毒素：每天清晨及晚上睡觉前，到室外空气清新处，做深呼吸运动。

（2）清除血液内毒素：人体内自由基如不能及时排出就会对正常细胞产生破坏而导致衰老，多食含抗氧化剂的食物可及时清除血液内的自由基；血液中每天都会产生各种垃圾，如不及时清除，不仅会加快机体衰老，还会导致高血脂、高血压。

（3）清除肠道内毒素：粪便中毒素较多，部分是我们日常吃进去的垃圾食品，部分是肠道内产生的垃圾，保持大便通畅既可排毒也能养颜。

（4）喝水两升

排泄是人体排毒的重要方法之一，每天喝够两升水可以通过水分冲洗体内的毒素，减轻肾脏的负担，是排毒最简便的方法，但是，甜饮料不等于水，喝饮料会摄取大量的糖分和热量，没有好处。

（5）吃纤维质食品

宿便之所以会留在人体内，就是因为肠道的蠕动不够，如果平时多吃富含纤维质的食物，比如糙米、蔬菜、水果和芦荟等，都能帮助排便。40岁的女士们更要注意饮食均衡，如果食物不能达到效果，药店里大量的帮助疏通肠胃的药物也可以试试，但服药前最好先听听医生的意见。

（6）解放阻塞的毛孔

出汗也是人体自我排毒的重要手段之一，如果平时运动太少、出汗量不够的话，洗澡的时候清除死皮可以疏通堵塞的毛孔，帮助汗液的排出。每天洗澡时，最好用天然的丝瓜瓤制成的搓澡用品按摩身体，同时，尽量使用不含化学物质和泡沫较少的浴液去除死皮，让毛孔畅通。

要排除外界摄入体内的毒素和自身产生的毒素，可以分两步走，一是体外清洁，最直接而且最基本的排毒方法，就是把不洁净的东西清除，所以千万不要错过清洁这个简单而直接的排毒良方，配合一些具有排毒、净化效果的产品使用，更可得到事半功倍的效果。

脸部清洁：一天下来，裸露在外的面部堆积了不少的灰尘，首先用卸妆油彻底卸妆，再用温和的洁面乳清洗，舒缓肌肤，然后用洁肤棉在脸上打圈按摩，最后再以洁面泡冲洗。每周用一次面膜也是净化的好方法，使用清洁性的面膜，将毛孔中的细小污垢全部清除，别忘了之后使用紧肤水收敛毛孔哦！

排毒保湿：彻底洁净肌肤以后，必须养成涂身体乳液的习惯，不但可带给肌肤充分的滋润，配合适度的按摩动作，更可改善血液及淋巴循环，对于清除体内的毒素及破坏毒素积聚，都很有帮助。

全身清洁：除了脸部，身体的肌肤当然也不容忽视，浸浴当然是首选，因为在你浸浴（泡澡）时，会大量流汗，而把塞在毛细孔里的废物排出，让皮肤变得有光泽，更可以改善皮肤的颜色。所以爱漂亮的女孩子要保养皮肤，每个礼拜最少要浸一次浴，让皮肤好好的来个大清洁。清洁前要记得喝一大杯水哦。

二是体内净化，你清洁了外在的毒素，接下来就是体内了。依靠饮食清洁身体是最简单易行的方法，快来看看各种天然食物所具有的功效吧！要注意的是，食疗可是需要长久坚持的！

深紫色葡萄：具有排毒作用，而且能帮助肠内黏液排除肝、肠、胃、肾内的垃圾。

鲜果、鲜菜汁（不经炒煮）：鲜果、鲜菜汁是人体“清洁剂”，它们能接触体内堆积的毒素和废物，因为当多量的鲜果汁和鲜菜汁进入人体消化系统后，会使血液呈碱性，把积存在细胞中的毒素溶解，由排泄系统排出体外。

苹果：苹果内含有半乳糖醛酸，对排毒挺有帮助的，其果胶还能避免食物在肠内腐化。

海带：海带胶质能促进体内的放射性物质排出人体，从而减少放射性物质在人体内的积聚，减低放射性疾病的发生率。

绿豆汤：绿豆汤能帮助排除体内的毒物，促进机体的正常代谢。

猪血汤：猪血汤的血浆蛋白，经过人体胃酸和消化液中的酶分解后，会产生一种具解毒和滑肠作用的物质。

黑木耳和菌类植物：黑木耳和菌类植物有良好的抗癌作用，并且能清洁血液和解毒，经常食用能有效地清除体内污染物质。

天然芦荟：芦荟不仅具有美白的作用，可以促进新陈代谢，更是清肠良药，在严重便秘的时候可以起到舒缓作用。

樱桃：樱桃能够为人体去除毒素及不洁体液。它对肾脏的排毒具有相当功效，而且还有通便的功用。

草莓：草莓是一种可以排毒的水果，且热量不高，能清洁胃肠和照顾肝脏。但对阿司匹林过敏或肠胃功能不好者，不宜食用。

净肠乳酸菌：净肠乳酸菌可帮助肠内益菌的繁殖，重整肠道的健康状态。待饮食调整至正常状态，便可停止服用。

8. 别让颈部泄露了年龄的秘密

很多女人都没有意识到，颈部比面部更容易衰老，有经验的人在判断女人年龄时，也往往先看颈部，因此，如果你是一个关注细节的四十岁女人，就请多关注颈部的护理。

与面部皮肤相比，颈部皮肤更加细薄脆弱，皮脂分泌较少，保持水分的能力比脸部差很多，皮肤容易干燥老化。再加上颈部经常处于扭头、摇头等活动状态，更使颈部皮肤容易出现松弛和皱纹。如不及早保养，容易导致人未老颈先衰。就像数数年轮就能知道大树的年龄一样，看看女人颈部的颈纹也就知道了她“老化”到什么程度了。

所以，女人的颈部护养要及早开始，尤其是已过25岁的女人，在做面部护养的同时，更要有针对性地对颈部进行护养。颈部护养可从以下几方面入手：

（1）专业护理

如果你的颈部皮肤已出现松弛、缺水、轮廓感下降的情况，就有必要到专业美容院进行具有针对性的颈部护理。

现在很多美容院都开设有专业颈部护理项目，如芳香美颈护理、颈部美白护理、颈部嫩滑紧致护理等，侧重点各不相同。美容师一般会根据你的颈部状况和需求制定合适的护理方案和疗程，为你推荐美颈产品。

这种专业美颈护理一般分为清洁、按摩和敷膜三大基本步骤：首先是彻底清洁，去除颈部老化脱落的角质；接着进行颈部按摩，以收紧肌肤、淡化颈纹、美化颈部线条；最后敷抹具有高度滋润和保湿作用的颈膜，为肌肤及时补充水分和营养。这种颈部专业护理一般适合每周做1次。

（2）日常保养

如果不方便去专业美容院做颈部护理，那你也可以做好居家日常保养。同时，为配合美容院护理，居家保养也是必要的，因为单靠每周1次或每月1次的专业护理效果也是有限的。

每日早晚要使用专业的护颈霜，进行简单的5分钟按摩，并注意防晒等，这些方法都有助于增强颈部肌肤的弹性，减少、淡化皱纹，防止皮肤松弛老化。

还可选择品质好、有美白功效的按摩膏晚上睡前自己按摩颈部，这样可淡化颈部肌肤的色素。同时，不要忘记每日坚持使用防晒霜。

（3）淡化皱纹按摩

如果你的颈部已经出现了皱纹，可以为颈部做重点按摩来缓解，以令颈部肌肤紧致，淡化或消减颈纹，并有助于舒缓颈部疲劳，对颈椎的健康也很有好处。

按摩时要使用颈霜或按摩膏，否则效果不佳。按摩步骤为：先将头部微微抬高，双手取适量颈霜或按摩膏，由下至上轻轻推开，用手指由锁骨起往上推，左右手各做10次；然后用拇指及食指，在颈纹明显的地方向上推，切忌太用力，约做15次；最后用左右双手的食指及中指，放于腮骨下的淋巴位置，按压约1分钟，以促进淋巴循环。按摩时力度要轻柔，避免颈部皮肤受到伤害。

（4）运动美颈

长期坚持做颈部运动，不但有助于塑造颈部曲线，也可令颈部皮肤富有弹性，从而避免因下巴皮肤松弛、脂肪沉积而形成双下巴，还可缓冲颈部肌肉与皮肤的疲劳感。维吾尔族女性的颈部线条通常比较优美颀长，这和她们从小跳舞善动脖子不无关系。

因此，如果你想美化颈部线条，就需多做颈部运动。颈部运动可以在富有节奏感的音乐声中进行，方法为：将头交替前俯和后仰；分别向左右两侧摆动，从左至右旋转，再反方向从右至左旋转；用头部画大圈带动脖颈全方位转动等。

另外，还可练习瑜伽、形体芭蕾或普拉提一类的柔韧性运动，在美化塑造全身曲线的同时，颈部形态自然也得到了美化。

“面子”重要，颈部也不能忽视哦！以上的颈部护养一定要坚持做下去，此外，四十岁女性还应当注意以丝巾或服装修饰颈部，别让它毁坏了你的个人形象。

9. 做个气质女人

女人，由于外形与性别的优势，具有一种天赋的气质。基督说：女人是由男人的肋骨做成的。贾宝玉说：女人是水做的骨肉，我见了女人便清爽……所以从某种意义上讲，女人是美的。而美的女人如果再进行一些外形上的装扮与内在素质上的提高，要获取一种高贵的气质美是易如反掌的。

一个女人一旦拥有了不凡的气质，她将终生受益。因为，气质是永不言败的。

气质是集一个人的内在精神而释放出来的高品格的影响力。犹如一颗夜明珠，给人的不仅是惊喜，还有耳目一新的感觉；犹如一缕暗香，让人不知不觉沉醉；犹如一道惊雷，让人清醒。

气质是一种修炼到超越自我的境界，这种境界，让人脱俗，使一个普通的人变得高雅，胸怀坦荡，行为超凡入圣。因此，一个有气质的女人，面对不同程度的困境，她不会胆怯。而最终气质可以帮助她扭转逆境的局面，取得意想不到的胜利。

一个优秀的女人，除了美貌，还要有气质，否则就要沦为花瓶。

一个四十岁的女人如果全靠美容品和各种化妆品支撑，生命必定是空虚的。而内在的气质美却可以延缓衰老并使人年轻，可以在他人心灵上留下印记和引起震荡。

因此，女性要寻找属于自己的气质，要在精神上树立独立的自我，通过对自己的“文化美容”，找回真实的自我。

真正的女性气质的前提是要有崇高的生活理想。女性的命运不应决定于男性，而应取决于她自己的努力，她的气质以及她的才能发挥的程度。女性本人越重视自己的天资、才能，以及与男子的精神心理交往的能力，她的美和女性气质就越灿烂夺目。如此优秀的女人，还怕男人喜新厌旧吗？

女人的气质会让女人拥有一片属于自己的“精神家园”，占有属于自己的心灵空间。即使遇上再多的不幸，也不至于造成太多的失望，太多的茫然……

气质女人懂得如何刚柔并济，有时如一盆火、一块冰，有时似一杯茶、一盏纯酿。她是男人得意忘形时的清醒剂、颓废沮丧时的启动器。气质女人时而温柔，时而刚强，时而浪漫、时而平实，时而文静、时而活泼，丰富的内涵给人以新奇，宽容的胸襟使人敬慕。她是维系家庭的磁石，是工作中的最佳拍档。气质女人是放风筝时用的线轮，风筝飞得再高也要有线牵引。

女人的气质是女人最真实、最恒久的美。再美的女人，如果没有气质，也只是一个花瓶而已，相反，天生并不美的女人，即使是没有华丽的服装，一旦拥有健康的翅膀，也会立刻神采飞扬，展翅高飞了。外表的美是短暂而肤浅的，如同天上的流星，转瞬即逝，而气质，却像一缕暗香，渗透于女人的骨髓与生命之中，让她们在面对岁月的无情流逝时，拥有一分从容和淡泊。

10. 以知性品位来提升四十岁女人的魅力

四十岁的女人，如同周敦颐在《爱莲说》中所描绘的莲一般中通外直，不蔓不枝，香远益清，亭亭静植，可远观而不可亵玩焉。四十岁的女人不是压群艳、傲百花的牡丹，不是空守幽谷的山中木樨，而是携着矜贵香氛的精致白莲花。她们衣着素净，纯天然面料的衣服是她们的首选。她们不盲从潮流。但客厅的花是不会等到枯萎才换的，要么是干花，要么就是随心常换的鲜花，薰衣草、丁香、栀子之类不喧不闹，但绝对要清新宜人，这是贴近自我灵魂最简洁的行为之一。这些女人身上散发出一种知性的魅力。知性女人聪明却不张狂，典雅却不孤傲，内敛却不失风趣。女人的知性美是她们身上内敛着的一轮光华，它不眩目，不耀眼，其光若玉，温润、莹透、可感、可品、可携。

在汉语词典中，知性的定义是："具备知识和理性等特质。""知性"除了标志一个女人所受的教育以外，其实还有一层更深刻的意义，应该是女人特有的一种聪慧，它源于女人所受的教育和环境，可又并非是哪一个看上去文文静静一些的女人就都可以被称之为知性的。知性必然是一种积累，知识的积累，生活的积累。

其实知识只是知性的一个基础。有很多的女性朋友，她们大部分都受过高等教育，不过其中真正可以称为知性的寥寥无几。女人就像一本书，有的有着深刻的内涵，有的只是儿童读物。

四十岁女人身上的知性，带给她们一种相对平静但余味更久远的魅力。轻松、雅致、自我、明智、舒畅，和她们待上一个下午，你一定能获得一种由透着活力的平静滋生的希望和力量。

知性女人的定位，展现了都市女性应有的形象：有知识、有品位、有属于女性的情怀和美丽。

知性女人可以没有羞花闭月、沉鱼落雁的容貌，但她一定有优雅的举止和精致的生活。知性女人也许没有魔鬼身材、轻盈体态，但她重视健康、珍爱生命。知性女人兴趣广泛，精力充沛，保留着好奇的童心。知性女人有理性，也有更多的浪漫气质，春天里的一缕清风，书本上的几个精美词句，都会给她带来满怀的温柔。知性女人经历了一些人生的风雨，因而也懂得包容与期待……

知性女人是灵性与弹性的结合体。

灵性是心灵的理解力。有灵性的女人天生慧质，善解人意，能领悟事物的真谛。她极其单纯，但单纯中却有一种惊人的深刻。

灵性是女性的智能，它是和肉体相融合的精神，是荡漾在意识与无意识间的直觉，是包含着深刻理念的感性。有灵性的女人以她的那种单纯的深刻令人感到无限韵味与魅力。

弹性是性格的张力，有弹性的女人，性格柔韧，收放自如。她善于妥协，也善于在妥协中巧妙地坚持。她不固执己见，但自有一种主见。弹性是女性的力，是化作温柔的力量。有弹性的女人既温柔又洒脱，使人感到轻松和愉悦。

灵性与弹性的统一，表明女性也具有一种大气，而非平庸的小聪明。知性女人是具有大家风范的。

一个真正的"知性"女人，不仅能征服男人，也能征服女人。因为她身上既有人格的魅力，又有女性的吸引力，更有感知的影响力。

知性女人像一杯清茶，散发着感性的芬芳。知性女人关注时尚，打扮得体，气质优雅；知性女人内心浪漫，强调个性，对世界充满爱心和好奇；知性女人独立进取，意志坚强，努力追求自我价值的实现；知性女人还懂得给男人空间，深谙风筝和丝线的关系，不动声色地把男人的心拴得更牢。她有清新淡雅的面容，妩媚温婉的回眸，顾盼生辉的举手投足。她亦正亦邪，收放自如，将女人的魅力随心所欲地发挥到极致。

四十岁的知性女人那是一种涵养、一种学识、一种花样魅力的象征，由内而外散发出来，时间在她身上只是弹了一个巧妙而圆润的跳音，将她出落得更加魅力动人。

知性与品位是女人魅力的一对姐妹花，高品位会让女人浑身上下散发出柔和淡雅的知性之美，知性会让女人的品位更高。

打扮外表很容易，或许你只需要稍加用心就可以了。而要想提高品位，那就得下点功夫了。

泡图书馆，听音乐会，参观名画展，进行一些民间文艺考察，甚至参与一些文化人搞的活动……这样在不知不觉中提高了你的品位，浑身自然流露出一种知性之美。

如果你这样不断地去充实自己，人们会发现一个一天更比一天睿智、一天更比一天高雅的你，那么，你的魅力是挡不住的。上天总是公平的，在关上一扇门的同时总会为世人打开另一扇窗子。40岁的女人，容颜已开始慢慢褪去青春的色彩，但是她们身上流露出来的魅力却更让人心动。成熟的头脑，由内而外散发出来的气质与风情，对人、对事、对物的知性与品位，无不是经过岁月洗练而沉淀下来的智慧与精华。所以魅力女人正是四十岁。

第三章　多动点脑子：你已过了随意任性的年龄

四十岁，少的是激情，多的是智慧。如果一个四十岁女人还像小姑娘一样任性随意，只能说明她缺少生活的历练，更缺少驾驭生活的能力，四十岁的女人尤其应该学会掌控自己，以理智的态度说话办事，这样才能最大限度地把人生的主动权掌握在自己手中。

1. 智慧让四十岁女人光芒四射

有人说：年轻的时候靠拼劲吃饭，中年的时候靠智慧吃饭，年老的时候靠经验吃饭。智慧是中年人的魅力体现，睿智的四十岁男人潇洒倜傥，睿智的四十岁女人明媚动人。

做女人真好，可以有美丽漂亮的包装，有那么多时尚服装、饰品、化妆品可以享用。但四十岁的女人懂得，这些东西只是个陪衬的绿叶。在工作上，她们通常是用业绩来证明自己的能力和水准，而不是靠容貌、身材和眼泪；在社会交往中，她们把自信、宽容、聪慧集于一身，与她们交谈，会让你有所思、有所悟、有所得，然后你才会明白，四十岁女人的智慧之美是何等动人。

女人到了四十岁无法挽留青春的影子，却更容易吸引"慧中"的青睐，随着智慧的积累而不断成长起来的女人，是一种果子熟透的美，是一种由内而外所散发出的美，是一种令人欣赏和赞叹的美。

有人说，一个女人到了四十岁才算是真正的成熟，因为这时的她们才真正懂得了生活，懂得了社会，懂得了家庭，也懂得了自己的人生价值。

她们在忙碌的生活中不断为自己充电。工作之余带着孩子去图书馆走走逛逛，既博览了群书，获得了广博的知识，又让自己的孩子懂得了学习的重要性，还培养了平时没有时间建立的母子情，可谓"一箭三雕"，何乐而不为？

她们与周围的人相处平和，取人之长，补己之短。岁月磨去了尖锐的锋芒，她们变得更豁达、更宽容、更懂得珍惜拥有和谦虚让人。她们掌握了生活的主动，更懂得去追求美的权利和自由，所以时时会告诉自己：最美丽的天使就在自己身边。她们不会放弃也不会退缩，勇敢地为自己赢得了一片片灿烂的天空。

“不要羡慕别人所拥有的，要羡慕自己的才对。因为自身有许多别人所没有的东西……”这是一位青年作家曾说过的话，现细细拿来品味，还真有一番意味和哲理，春兰秋菊，各有芬芳。走过半生的女人们学会了追求赞美和被别人赞美，她们用智慧的武器把自己认识得更全面，也更深刻，岁月一点点挖掘出了她们内在的潜力，届时才发现自己原来有这么多“美不胜收”的优点。

有人曾说，智慧是女人一种永恒的哲学，一个女人因拥有智慧而让自己轻盈的气质变得厚重起来，一个女人也因智慧的存在而让自己变得更加引人注目。她们谈吐不俗，气质超人，即使是在人头攒动的大街小巷也会显出一种“鹤立鸡群”的魅力。

智慧于女人是不可或缺的保养品，获得它的根本途径便是饱读“诗书”。漂亮的容颜已不再是女人独傲群芳的武器，浑身洋溢着的高贵气质以及言语间流露出来的知识修养，使她们显得与众不同，书是她们经久耐用的“时装”和“化妆品”，使她们焕发出异样的光彩。

在这个因女人的存在而变得多彩的世界里，时尚而睿智的女人更懂得抽一点时间为自己的心灵扫扫尘土。她们明白真正的智慧是一点一滴累积起来的，就如同盖一间屋子，年轻时所打下的只是一个根基，中途的一次休息，只是为了以后更好地展现女人的风采。她们知道婚姻是加油的一个驿站，心灵得到了满足以后，扬帆起程，最终的美丽只属于持之以恒。

智慧之美是女人在半世红尘中逐渐发掘、打磨的，它不会如容颜一般在岁月的流逝中褪去颜色，反而会如醇酒一般愈陈愈香。

2. 找到一份与年龄相称的坦然

如果你听到一个四十岁的女人在大谈“我们女孩子……”，那么千万不要失笑，年龄是她们的致命伤，请体谅她们渴盼青春长驻的心情。如果你是一个四十岁的女人，那么希望你不要为年龄恐慌，年龄虽然不能改变，但你可以改变自己的生活，改变自己的心境，快乐地享受四十岁的人生。

（1）去异国他乡探险

一个不懂法语的人去法国，或者一个不懂土耳其语的人去土耳其，要不要把自己交给旅行社的导游？如果你已经四十岁，一定要深度尝试一下“自助”，即靠有限的旅游小手册和地图，把一个不大的国家逛遍，这是勇气的象征。其中充满冒险的欢欣和可能遭遇异国邂逅的浪漫，像一尾用异国香料烤就的鱼，散发出独特的香味，使你忍不住想尝试。如果你独自一人游荡在异国街头10天或30天，你的心情会由此发生深刻的变化吗？

（2）加入志愿者行列

当你感觉命运对你过于垂青，你的近期目标已完全达到时，建议你加入到志愿者的行列里来。几个月或者一年，可以予你享用40岁的心灵维生素，在另一种忙碌中，体会到心灵的单纯与充实。

（3）不再顾影自怜

如果你总把自己看成是世界上最可怜的人，那就糟了，那些嫉妒、羡慕和反感等不良情绪就会占据你的心。你应该设法去掉这种意识，改变这种心理。如果你能把无用的、消极的思想从心中排除，而填以建设性的、积极性的思想，那么，你的心病就渐渐治愈。

你会不会为着遥远的将来而寝食不安？——我就要被革职了，长薪水没希望了……如果是这样，你应及早纠正毛病。将来的事情考虑得再多，也无补于现在，只是扼杀你宝贵的时间罢了。未来如何，全系于今天。今天的事，又系于今天的切实的思想、切实的工作。千万不要让多余的胆怯，在你心上投下阴影。

（4）好学不倦

世上无数指望成功的人们，无不拼命用功，有的上夜校，有的接受特殊训练，有的在家进行自学。可以说，能够真正成功的，都是好学不倦的人。

（5）让自己更美丽一些

四十岁的女性犹如一个熟透的橘子，成熟、诱人。日趋成熟的你已学会扬长避短的穿戴方法。

最佳的穿戴之道便是彻底发挥性感魅力。上班时可佩戴夺目的首饰来衬托你的成熟和干练，而居家的佩戴则以体现女性的妩媚和性感为主。在佩戴上应注意的大忌是盲目的喜好和追随不适合自己风格特点的饰品。

四十岁的你应该佩戴的饰物是：各种名贵的珠宝首饰；高档的珍珠类饰物；大型套件首饰；极富民族风格的首饰；钻石饰品；风格偏于传统的首饰。

四十岁的你不应该佩戴的饰物有：仿真首饰；夸张的廉价首饰；镀金银首饰；有孩子气或体现天真稚气的首饰；不适合自己风格的新潮时装首饰。

只要认准适合自己的路，一路走下去，终会找到梦中的青鸟。关于如何走得更顺、更美、更久一点，有两个原则你不妨参考一下：

①丰富的内涵。尽量见识多些。自己学习之外，跟别人交流也很重

要，要学会倾听，了解不同的人生、不同的文化。多跟人沟通，请相信三人行必有吾师的古训，从不同的人身上可以学到很多。

②内心的宽容。对四十岁女人来说，善良其实是种很重要的品质。年少时往往偏执，很难做到这一点，那时很冲动，贪慕虚荣，想要的太多。年纪大些反而越来越宽和，很多事情，退后一步看，不过是过眼烟云，而真正应当把握的，不经意间已静静落入你的掌心。

（6）培养你的品位

有一种美女，在二十岁时最美丽，逼人的青春晃得人睁不开眼，但是她从此一年比一年憔悴，因为她一年比一年难看，直到泯然众人，即使强撑着美女的名号，也是力不从心。还有一种美女，二十岁时叫她美女仿佛有着两分勉强，但是随着岁月的流逝，她的周身会渐渐散发出透亮的光芒，比如张曼玉。

从衣装搭配到家居布置，张曼玉的品位从来备受赞赏，她是不是在这上面花费了很多心思呢？

她对此疑问有些惊讶："没有啊！与很多职业女性一样，一般来说我的时间很紧张，不可能把一天中好几个小时放在应该如何选择衣服上。我的穿衣宗旨首先是舒服，平时上街购物我一般穿得很平常。除非是酒会、朋友Party我才会穿得比较正规，但不会像许多人那样在好几天前就为穿什么而大伤脑筋，我会在出门前几分钟内把衣服搞定。当然这需要独到的眼光，还有一些基本经验，比如什么场合穿什么衣服。但很多时候我的选择没什么'道理'，我觉得穿衣达到一定境界，仿佛高手出招，是没有对与错的。你可以说Maggie，就美学原理来说，你配错了。但你不觉得，这样的搭配也许在别人身上是错的，可在我身上就很美丽嘛！"

那么关于女性最关心的"面子"问题，这个"青春不败"的女人是如何经营的？

"其实我在这方面花的时间极少，前一阵在沙漠拍戏才多敷了些面膜。不过我还是建议，如果可能，还是早些开始保养会更好一点。但我并不后悔，我的时间分给了其他有意义的事情嘛。我不赞成女人花太多时间在美容上，如果你的生命是空虚的，什么都不学、不懂，即使给人称赞‘你好靓呀’，也许你会开心几分钟，可以后呢？我觉得，一个外貌普通，但有内涵、言谈有趣的女人美丽得多。”

时至今日，“张曼玉”三个字已成为有关高贵、美丽、优雅、灵慧、剔透、经典……一切亮丽光鲜的字眼儿的代名词，所以，当她微笑着说起“我的发型很时尚吗？都是自己剪的”时，人们禁不住睁大了眼睛。

她依然是浅浅的怡然地笑道：“我相信，只要对自己有足够的信心，其实这个世界上没有什么难事。就说剪发，只要给我一面镜子，我会剪得很干脆，嚓嚓嚓，毫不犹豫。至于脑后的位置，摸一摸就知道哪里太长了。我想只有自己最了解自己，知道自己的每一绺头发应该怎么剪。当然也有失手的时候，但好在它终究会重新长长的，不是吗？难过几个星期之后就OK了，不需要太介意。”

这个美丽丰富的女子要怎样的灵气四溢、勇气十足、心胸宽广，才会每一个小小举措都这样看似平凡实则暗涌波涛？连女人视若生命的青丝秀发都可以这样轻描淡写，这个世界上，还有什么她迈不过的坎儿呢？

作为一个四十岁的女人，告别年龄恐慌，找到让自己轻松快乐的方法，对你来说是至关重要的，因为拥有轻松心态，才能让自己做个“无痕”女人。

3. 成熟的女人是一颗饱满的果实

四十岁，是女人生命曲线中一个非常重要的拐点。

有人问，“四十不惑”是女人的一道坎？

有人说，四十岁既有春的浪漫，又有秋的成熟，还不乏夏的火热。

有人问，岁月无情，红颜易老，美人迟暮？

有人说，四十岁的女人拥有着生命中别样的情怀。

有人问，人过四十还有戏吗？

有人说，一个生命可以有重新洗牌的机会。

无论怎样，在这个点上，我们伤感青春，缅怀稚嫩，品味最初的因年龄而起的失落；在这个点上，我们张望，看远远近近的风景和悲欢离合，承受成熟的心智上的得失因果；在这个点上，我们平衡自己，感受岁月带走美貌鲜颜的同时增益给我们的宽容和平易。

仿佛就在昨天，还对着镜子里那张娃娃脸问自己：什么时候才可以变成风情万种的女人？没有任何幼稚，举手投足间充满成熟。

四十岁女人，因为成熟而更有魅力。

成熟女人是一杯陈年佳酿，是一本百看不厌的哲理书，是一幅色彩斑斓的油画，是一首从容不迫的交响曲。

当女人四十岁时，就过了如花的季节，芳龄不再，漂亮就像是握在手里的沙，攥得越紧从指缝中流失得就越快。但是，有了一定的阅历也有了底蕴和魅力，从内而外散发出来的成熟气息，是小女孩儿那种鲜花似的漂亮所不及的。

难怪有男人会如此评价说：年轻的女人像一本色彩绚丽的时尚画册，虽养眼但只看一遍足矣；成熟的女人像一本内涵丰富的精装书，让人看过了还想看。年轻的女人又像一坛酿到半途的酒，底子是好的，只是离味道醇厚还有十万八千里；成熟女人则像一坛陈年佳酿，口味清冽甘醇，让人喝了还想喝。

那么，什么样的女人才可称为成熟的女人？当然，不是随便一个到了婚育年龄的女人就能够被称做“成熟女人”的，家庭主妇也不是“成熟女人”的代名词。因为成熟与否，不在一个人的生理年龄，而在心智，从容、睿智、独立、理性的心智。

四十岁的成熟女人既不会凡事依赖，也懂得怎样用钱来更好地安排自己的生活。即使婚后锦衣玉食，也绝不会放弃自己的工作。因为她们知道，女人只有真正独立起来，才不会成为温室里弱不禁风的小花，才能成为一株山间临风摇曳的野菊花，在风雨霜露之中，总是披着它墨绿色的外衣，顶着淡紫色的花冠，并且拥有美丽的心情，迎着凉爽的秋风唱着属于自己的情歌。

如果你不想做藤的话，就独立吧！这是走向成熟的第一步。

四十岁的成熟女人，已抛却爱情幻想。少女时代的你，是个完美主义者，自己俨然是仙女下凡，一定要找个王子。对即将开场的爱情故事中的男主角，坚持着高大全的形象标准。后来你遇到了男人甲乙丙丁，相处下来都不怎么满意，于是开始觉得生活在远方、爱情在别处。再后来，你又通过朋友介绍遇到了男人ABCD，你以为自己阅人无数了，够成熟的了，于是由衷地感慨“早把男人看透了”以及“男人没一个好东西”云云。

其实，你还没弄明白，自己压根就是个爱情幻想主义者。大家可以理解你在年少无知的时候所做过的那些爱情美梦，可是在现实中磨砺了这么久，你依然不肯脚踏实地地生活，一方面约会不断却总是不肯真情投入，另一方面又眼巴巴地盼望着极度浪漫的事情发生在自己身上。你如果总抱着这样的感情态度来生活，而不愿抛却爱情幻想，那么除了身体越来越成熟之外，你将一无所获。

四十岁的女人会杜绝冲动消费，那副墨镜，你是不是买了之后就扔进抽屉从此再也没有理睬它？街边新开精品店里那个进口的娃娃，贵得离奇，你是否一时兴起买回家后再也没打开过盒封？

没错，你有着普天之下所有女人同样的爱好，痴迷于花钱收购一些根本用不上的玩艺，你会在拥有它的瞬间，感受到唯“物”主义者的快乐，至于实用性、使用价值、性价比之类的术语，你很少在乎。难怪在别人眼里，你总是一个爱乱花钱的小姑娘，而不是一个相夫教子、持家有方的成熟女人。

所以，从现在起，就开始杜绝冲动消费吧，凡事量力而行，买东西再实际些，会让你更有成熟女人味。

四十岁的成熟女人不会过度任性。偶尔耍耍小性子、发发小脾气没关系，及时打住就行。男人就烦那种过度任性的，那种在任何场合之下都不替对方着想的女人，蛮横无理自以为是的女人，不换位思考顾及他人的女人，甚至专横跋扈极度自我的女人，在大家心目中不可能会是个成熟的女人。

成熟的意思里，包含了懂得尊重他人，懂得善解人意，懂得体察对方的情绪和苦恼。过度任性显然是性情不成熟的表现。

同事之间鸡毛蒜皮的小事，来回两句言者无意的调侃，让你感到十分的不爽！你开始行动了，虽然没有绝对的恶意，但你控制不住要在背后说对方坏话，嘲笑一下她的糗事，讽刺一下她的着装……

四十岁的成熟女人已拥有开阔的胸襟，她们懂得求同存异。

在遭遇困难、挫折时，你可能会扔东西，会哭闹，会张皇失措，甚至还会寻死觅活，仿佛整个世界都毁灭了。

但是，令男人佩服得五体投地的四十岁成熟女人，在面对困难、挫折时，却不会被自己的情绪左右，也不会在大庭广众下失态，而会用另一种心情驱散心头阴霾，吟一首轻歌，读一本好书，品一杯淡茶，或只是推开窗，眺望远山疾飞的归鸟。即使她们在遭遇失恋这样最令人心碎的烦恼时，也会坦然地对自己的“陈世美”说：“慢走，请把门带上。”

是的，再棘手的事也可以理清头绪，再大的挫折都可以微笑面对。如果你想要成为一个真正的成熟女人，就应该保持一种“喜不狂、忧不绝、胜不骄、败不馁”的平和心态。心态平和，女人就可以坦然面对逝去的岁月，哪怕是已开到极致的花，依然雍容华贵、仪态万千。

4. 把自卑关在四十岁的门内

在踏上人生的第四十级台阶后，一些女人开始自卑起来：马上就要失去年轻的财富；四十岁已过但却没有“不惑”；先生的眼光也越来越多地停驻在年轻女郎的身上……信心在消蚀，美丽在流失，心灵在起茧……其实你何必自卑，四十岁的女人有经验，有能力，有岁月沉淀后的风情万种，告别了自卑，你就可以大踏步地走向成功。

自卑的女人大致分两种：

（1）消极地否定自己

这类女性有一种根深蒂固的自卑感，从一开始就否定自己。她们让自卑的感觉化为现实，承认并接受自己不如别人的事实，并且相信自己本身没有能力。

持这种消极观点的女性，很容易就会放弃个人的努力与奋斗，听任命运的摆布，以各种借口自欺欺人，为自己的失败辩护。

（2）自暴自弃

这类女性已经完全丧失信心，她们认为未来是一片黑暗，自己不会有任何前途，于是她们不惜以错误的方式去填补自己的自卑心理。

由于过分自卑，再加上遭受到太多的挫折，她们于是自毁前程，酗酒、吸毒、出卖肉体，甚至参加一些暴力组织，以破坏行为来报复社会。而这类女性若是执迷不悟，人生将是十分悲惨的。

那么怎样才能超越自卑呢？心理学家给出了以下建议：

（1）在潜意识中肯定自己

卡耐基夫人曾经指出：信心是一种心理状态，是可以用成功暗示法诱导出来的。

我们都知道心理暗示的强大作用，因此对你的潜意识反复地灌输正面和肯定的语言，是发展自信心最快的方式。当你将一些正面、自信的语言反复暗示和灌输给自己的大脑时，这些正面的、自信的语言就会在你的潜意识中根植下来。

在做每一件事情前，不妨先静下来想一想，给自己一些积极、鼓励的语言，并且不断加以重复暗示，比如说：

“我会是个成功者的，因为在过去的日子里，靠我自身的力量，我凡事都能做得很好，即使有些困难，也只不过是生活在考验我的意志。”

“这次我一定会成功，我一定会成为我希望成为的人，只要我加倍努力。”

“没有什么能够阻挡得了我，从来都如此，这一次也一样。”

你可以将这些话写在纸条上，贴在镜子上面，每天利用化妆的时间对着镜子念上几遍。不要以为这种方法是自欺欺人，实际上它对促进你的自信心有很大的帮助。

（2）从成功范例里汲取力量

榜样的力量是无穷的，成功人物传记和一些时代女性成功的事例，可以帮助你找到勇气和力量，从而增强你的信心。那些成功的女性也曾经历过信心不足、被挫败等打击，她们的自信心的建立对你最有启发意义。

另外，你也可以多阅读一些励志类的书籍，这些成功自励的书籍，更是展现了许多成功女性的例证，从各个角度阐释成功的正确观念，这对增强你的信心也极有好处。

（3）自我鼓励法

克服自卑，主要还是要靠自我调节，当你感到自卑不如人，缺乏自信时，不妨从多方面分析分析原因，例如家庭出身如何？从小到大的生活环境如何？受到的教育如何？是否缺乏亲人与朋友的帮助？人生目标是什么？人生信念是什么？什么样的失败最让你痛苦？等等。

这样你便能找出缺乏自信的原因，每个人的条件不同，追求的目标不同，通过分析就不会因为某一时、某一方面不如人而变得自卑。

心理学家认为把自己放在一个大环境中去分析，才会更容易超脱。在整个社会中，可能有人会比你强，但一定有许多人比你的处境更差。从大环境中去分析，能让你从个人小圈子的局限中超脱出来，从渺小自卑的情绪中超脱出来。超越了局限和自卑，你便能更正确地肯定自己，从而树立自信心。

想一想你从小到大一定取得过很多成绩，比如小学考了一次第一名、运动会为班级赢得过荣誉、考上了名牌大学、当过学生干部、学会开汽车、独立完成了一项任务、有一个体贴的丈夫、领导很器重你……

多花一些时间，将这些大大小小的成功如数家珍般地一一列举出来，当你看着这些成绩记了满满一页纸，可能会很惊讶，原来自己有过这么多的成功，这种体验能使人的信心大增。

自卑会耗损你的精力和时间，让你的生活和工作更不顺利。何必做这种傻事呢？只要你保持自信向上的心态就会发现，你其实也可以拥有很美好的未来。

5. 不要过于偏执和固执

生活中有很多女人是完美主义者，她们希望自己所拥有的一切都是完美无缺的，但是世界上哪有十全十美的事情，于是她们只能在不完美里哀叹，成为不快乐的人。

在佛教的《百喻经》中，有这样一则故事。在印度有一位先生娶了一个体态婀娜、面貌艳丽的太太，两人恩恩爱爱，是人人称羡的神仙美眷。这个太太眉清目秀，性情温和，美中不足的是长了个酒糟鼻子。这就好像失职的艺术家，对于一件原本足以称傲于世间的艺术精品，少雕刻了几刀，显得非常的突兀怪异。于是这位太太终日对着镜子，一面抚摸着这只丑陋的鼻子，一面唉声叹气，埋怨命运的残忍。

这位丈夫也是看在眼里，痛在心上。一日出外去经商，行经一贩卖奴隶的市场，宽阔的广场上，四周人声鼎沸，争相吆喝出价，抢购奴隶。广场中央站了一个身材单薄、瘦小清癯的女孩子，正以一双汪汪的泪眼，怯生生地环顾着这群如狼似虎、决定她一生命运的大男人们。这位先生仔细端详女孩子的容貌，突然间，他被深深地吸引住了。好极了！这女孩脸上长着一个端端正正的鼻子，于是这位先生决定不计一切代价，买下她！

这位丈夫以高价买下了长着端正鼻子的女孩子，兴高采烈地带着女孩子日夜兼程赶回家门，想给心爱的妻子一个惊喜。到了家中，把女孩子安顿好之后，他用刀子割下女孩子漂亮的鼻子，拿着血淋淋而温热的鼻子，大声疾呼：

"太太！快出来哟！看我给你买回来了最贵重的礼物！"

"什么样贵重的礼物啊？"太太狐疑不解地应声走出来。

"我为你买了个端正美丽的鼻子，你戴上看看。"

丈夫说完，突然出其不备，抽出怀中锋锐的利刃，一刀朝太太的酒糟鼻子砍去。霎时，太太的鼻梁血流如注，酒糟鼻子掉落在地上，丈夫赶忙用双手把端正的鼻子嵌贴在太太的伤口处，但是无论丈夫如何努力，那个漂亮的鼻子始终无法黏在妻子的鼻梁上。

可怜的妻子，既得不到丈夫苦心买回来的端正而美丽的鼻子，又失掉了自己那虽然丑陋、但是却货真价实的酒糟鼻子，并且还受到无妄的刀刃创痛。而那位糊涂丈夫的愚昧无知，更是叫人可怜！

追求完美几乎是现代女性的通病，然而不幸的是，有些人以为自己是在追求完美，其实她们才是最可怜的人，因为她们是在追求不完美中的完美，而这种完美，根本不存在。

一位女激励大师曾做了一次演讲，她说有个有洁癖的女孩"因为怕有细菌，竟自备酒精消毒桌面，用棉花细细地擦拭，惟恐有遗漏"。

这位有洁癖的女孩，难道不知道人体表面就布满细菌，比如她自己的手，可能就比桌面脏吗？

"我真想建议她：干脆把桌子烧了最干净！"

在一家餐厅里，也有对母子因为怕椅子脏，而不敢把手袋放在椅子上，但人却坐在椅子上，要上菜时，因为怕手袋占太多桌面，而让菜没地方放，服务员想将手袋放在椅子上，马上被阻止："别忙了，我们有洁癖，怕椅子不干净。"

上完菜后，一旁的客人实在忍不住，问："有洁癖还来餐厅吃饭？自己煮不是比较放心吗？"

"吃的东西还不要紧，用的东西我们就比较小心了。"

天哪！这是什么回答！吃的东西不是更该小心的吗？手袋上的细菌会

让人致命？还是吃下去了细菌会死人？

一个孩子犯了一个错，母亲不断地指责，因为她要为孩子培养完美的品格，孩子拿出一张白纸，并且在白纸上画了一个黑点，问："妈妈，你在这张纸上看到什么？"

"我看到这张纸脏了，它有一个黑点。"母亲说。

"可是它大部分还是白的啊！妈妈，你真是个不完美的人，因为你只会注意不完美的部分。"孩子天真地说。

有位吴女士，是个极正义的人，对于世界上竟有这么多不义的人很痛恨，她一直很想杀光世界上的坏蛋，好让世界完美。

有一天她突然接到一封上帝的来信，上帝说，这位吴女士也是个坏蛋，因为她的心中从来就没有爱。

要求完美是件好事，但如果过头了，反而比不要求完美更糟。就像我们居住的屋子，永远不可能如展示屋那样整齐干净，如果一味地强求，反而会使居住成为噩梦一般，为了维持干净，难道我们不在马桶上大便吗？

世界上有太多的完美主义者了，他们似乎不把事情做到完美就不善罢甘休似的。而这种人到了最后，大多会变成灰心失望的人。因为人所做的事，本来就不可能有完美的。所以说，完美主义者根本一开始就在做一个不可能实现的美梦。

他们因为自己的梦想老是不能实现而产生挫折感，就这样形成一个恶性循环，最后让这个完美主义者意志消沉，变成一个消极的人。所以，培养"即使不完美，不上不下也没关系"的想法是相当重要的。

如果你花了许多心血，结果还是泡了汤的话，不妨把这件事暂时丢下不管。如此一来，你就有时间来重整你的思绪，接下来就知道下一步该怎么走了。"既然开始了就要把事情做好"这种想法固然没错，可是如果过于拘泥，那么不管你做些什么都将不会顺利的。因为太过于追求完美，反而会使事情的进行发生困难。

武田信玄是日本战国时代最懂得作战的人，连织田信长也相当怕他，所以在信玄有生之年当中，他们几乎不曾交过战。而信玄对于胜败的看法实在相当有趣，他的看法是："作战的胜利，胜之五分是为上，胜之七分是为中，胜之十分是为下。"这和完美主义者的想法是完全相反的。他的家臣问他为什么，他说："胜之五分可以激励自己再接再厉，胜之七分将会懈怠，而胜之十分就会生出骄气。"连信玄终身的死敌上杉彬也赞同他这个说法。据说上杉彬曾说过这么一句话："我之所以不及信玄，就在这一点之上。"

实际上，信玄一直贯彻着胜敌六七分的方针。所以他从16岁开始，打了38年的仗，从来就没有打败过一次。而自己所攻下的领地与城池，也从未被夺回去过。把信玄的这个想法奉为圭臬的是德川家康。如果没有信玄这个非完美主义者的话，德川家族300年的历史也不一定存在。要记得，不能忍受不完美的心理，只会给你的人生带来痛苦而已。

有些人很勉强自己，不愿做弱者，只愿逞强，努力做许多别人期待自己却不愿做的事，这种人，才是真正的弱者。人一对你抱期望，你就怕辜负了人，硬是勉强也要实现承诺，到头来才发现，原来是自己太软弱。

从根本上必须承认的，是自己的心。只有承认软弱，才可能坚强；只有面对人生的不完美，才能创造完美的人生。

荣获奥斯卡最佳纪录片的《跛脚王》，便是叙述脑性麻痹患者丹恩的奋斗故事。丹恩主修艺术，因为无法取得雕刻必修学分，他差点不能毕业。在他求学时，有两位教授当着他的面告诉他，他一辈子都当不了艺术家。他喜爱绘画，却因此沮丧得不愿意再画任何人的脸孔。

即便如此，他仍不怨天尤人，努力地与环境共存，乐观地面对人生。他终于大学毕业，而且拿到的还是家族里的第一张大学文凭。

丹恩说，许多人认为残障代表无用，但对他而言，残障代表的是：奋斗的灵魂。

“我脑性麻痹，但是我的人不麻痹！”同是脑性麻痹患者，也是联合国千禧亲善大使的小朋友包锦蓉说。

过于追求完美，你就会陷入无尽的烦恼中；而放弃对完美的苛求，你却可以过上一种富有意义的生活，怎样做对你更好呢？聪明的你一定会做出正确的抉择。

6. 拔掉心中那根嫉妒的“毒刺”

四十岁的你敏锐地感受到了嫉妒的存在，比你弱的人嫉妒你，而你又会对那些所处职位、工作能力、受上司的赏识程度，以及容貌、衣着，比你强的人产生嫉妒。嫉妒是一种负面心理，如果放任其发展下去，很可能对你产生消极的影响。

什么是嫉妒呢？心理学家从三个层面对它进行了阐释。

（1）嫉妒是一种痛苦情感，一种并非愉悦的紧张的心理体验。凡是产生嫉妒情感的人都清楚地感受到一种紧张，它来源于被抛弃、不被认可的感觉，这当然是非常痛苦的。

（2）嫉妒源起于别人的优越地位或优越状态，亦即源于别人的价值实现。人人都有自己的价值观，而这种价值观很大程度上又受到社会主体价值观的影响。所以，当看到别人在社会地位、财富等方面强于自己时，不管自己本身是否追求这些，心里总是会产生嫉妒情感。只不过热衷追求的人的嫉妒感更加强烈罢了。

（3）嫉妒所包含的“憎恶之情”难免会驱动纷繁复杂的“离轨”行为；而涵容其中的微弱难得的“欣羡之情”，也可能引发或强化主体的竞争意识和进取精神。也就是说，嫉妒情感启动的主体行为走向具有两极性。比如有的人能够正确看待别人的成就，看到对方的长处，正视自己的不足，并以此为动力，激励自己更加奋进，赶上并超过之，这是一种积极的态度和行动。而另一些人则与前一种人大相径庭，表现为“酸葡萄心理”，或对他人过分挑剔，更有甚者，会无中生有，横加指责，制造事端。

嫉妒被心理学家称作是一把“双刃剑”，因为多数情况下，由于嫉妒心的作用在做事过程中会伤害双方，所以历来的文学家们都用妖魔或病蛊来形容它，例如莎士比亚就曾经把嫉妒比作是一个“绿眼的妖魔”。

嫉妒被视为人性最大的弱点，似乎一无是处。嫉妒至少是紧张的、不愉悦的，没有人能够持久地忍受它，它迫切地“要求”嫉妒者主动或被动、积极或消极地采取某些行动，减弱和消除自己的紧张状态。嫉妒的减弱和消除，就其主动性、积极性方面，是期望通过挖掘潜力，充分发挥自己的主观能动性，改变自己的劣势状态，重新确立高水平的心理平衡。这集中地外显为一种良性竞争行为。

嫉妒升华为良性竞争行为，嫉妒者奋发进取，努力缩小与被嫉妒者之间的距离；而被嫉妒者面临挑战，一般也不会坐视不顾，而是为保持和发展自己的优势地位迎接挑战，强化竞争。也就是说，嫉妒可能会引发并维持一种现象，在良性竞争过程中，嫉妒双方一变而为竞争的双方，互相促进，共同优化。

嫉妒产生并促进良性竞争，从这个意义上说，“嫉妒是一种很伟大的存在”。但是，因嫉妒而采取如此积极态度和行为的人实在太少，嫉妒大量产生的是对立、仇视、攻击和破坏。古往今来，因嫉妒导致的令人扼腕叹息的悲剧绵延不绝。无怪乎巴尔扎克发出感叹：“嫉妒潜藏在心底，如毒蛇潜伏在穴中。”

嫉妒心太强的人不能容忍别人超过自己，害怕别人得到他所无法得到的名誉、地位，或其他一切他认为很好的东西。在他们看来，自己办不到的事最好别人也不要办成，自己得不到的东西别人也不要得到。显然这是极其阴暗龌龊的心理。

嫉妒的害处很大，对于嫉妒者本身来说，它是本质上的疵点。一个人一旦受到嫉妒情绪的侵袭，往往会头脑糊涂，停步不前，甚至丧失理智，处处以损害别人来求得对自己的补偿，以致干出种种蠢事来。好嫉妒者由于经常处于所愿不遂的嫉妒情绪煎熬之中，其心理上的压抑和矛盾冲突所导致的劣性刺激，可使神经系统功能受到严重影响。

那么，染上嫉妒恶习的人应该怎样克服或调整这一性格上的弱点而使其合理存在发展呢？

（1）要心胸开阔，放开眼界

要知道“山外青山楼外楼，还有难关在前头”，比你强的人很多很多，光嫉妒两三个又有什么用呢？关键在于发奋努力，迎头赶上。

（2）要尊重别人

俗话说，若要受人尊重，先要尊重别人。要敢于正视别人的优点和长处，对于在某些方面超过自己的人要心悦诚服。

（3）要充分认识嫉妒害人害己产生的后果

为了攻击和伤害被嫉妒者，嫉妒者需要把自己的主要精力十分明确地投入其中，这无异于给自己的工作投放一个减速剂，结果，落后的仍是嫉妒者自己。

（4）要唤醒你的积极嫉妒心理，勇敢地向对手挑战竞争

积极的嫉妒心理必然产生自爱、自强、竞争的行动和意识。当你发现自己正隐隐地嫉妒一个在各方面都比自己能干的同事时，你不妨反问几个为什么和结果如何。在你得出明确的结论之后，你会大受启示：要赶超他人，就必须横下一条心，在学习和工作上努力，以求得事业成功。你不妨借助嫉妒心理的强烈超越意识去发奋努力，升华嫉妒之情，建立强大的自我意识，以增强竞争的信心。

你应该随时提醒自己：嫉妒别人就是在贬低自己，为什么要做这种傻事呢？不必嫉妒别人，把精力、时间、智慧集中起来做自己的工作，你一定也会从生活中得到自己的一份收获。

7. 别让失望控制了你

已经四十岁了，成为经理的美梦没有实现，理想中的精致生活也没拥有，你感到失望了，待人接物无精打采，做起事来心不在焉。此时你要注意了，偶尔的失望可以理解，但不能让失望的情绪控制了你，否则你这辈子就真没什么指望了。

失望情绪简直就像讨厌的感冒一样。但是，连续不断的失望同连续不断的感冒一样，也会带来较为严重的后果。它会导致你长期的悲观情绪以及一些由精神压抑引起的疾病，如溃疡、关节炎、头疼、背痛等。

长期对生活失望的人可分为三种类型。

第一种是妄自尊大型。这种类型的人指望得到特殊待遇。她希望自己的房子比谁的都大，希望在饭店里吃最好的酒菜，希望别人享有的她通通享有。这种类型的人必须认识到她的要求是一切以自我为中心的，是不合情理的。

与第一类人截然不同的是饱受创伤型。这种类型的人由于早年受过严重创伤而对生活失去了希望，她为了避免更大的失望，就期待着发生最坏的情况，以此来作为防备。于是，她觉得自己会第一个被解雇，办事会被骗。对于这类人，恶劣的情绪比她所面临的实际困难更为可怕，因为这类人总是感到幻灭，因而对生活总是抱着玩世不恭的态度。

而第三种是苟求自己型。这种人想讨好每个人。比如她去参加一个晚会时想着："我怎样才能赢得晚会上所有人的好感呢？"她时时刻刻揣测着别人对她的要求，结果，她反而不知道自己想要什么，自己需要什么了。她总是失望，因为她不能满足每个人的要求。

生活的每个时期都有特定的内容，所以也就有不同的失望。儿童简直可以对任何一件事情感到懊丧，因为他对现实的认识太天真、太不充分了。随着年龄的增长，我们对现实的认识丰富起来了，我们的情绪也不再像儿童时那样变化无常了。然而，进入40岁时，我们才第一次看到，我们过去曾向往过的那么多目标是不可能都实现的，时间和机遇限制了可能性。我们的失望一般是围绕着事业上停滞不前之类的问题，或者，觉得自己已到了中年却还没能得到原先所期望的舒适与安定，仍在为基本的生计而奔波忙碌。

在晚年，老人们似乎对两件事情感到失望。一个是没有受到应有的尊重，另一个是因为想到自己再也不能希望什么了。

我们必须承认，任何主观的空想都是不可能实现的。我们应该使我们的愿望灵活一些，这样，一旦遇到了难遂人愿的情况，我们就有思想准备放弃原来的想法。我们要看到，没有一个愿望是绝对神圣、不可更改的。

举个简单的例子。你去看戏，希望能见到一个你十分喜欢的演员。可是，就在开演之前，主持人宣布说那位明星演员病了，由她的替角出场。假如你死死坚持原来的愿望，你就会为演员的变换而嗟然叹气并愤愤不平地走出剧场。而如果你的愿望是灵活的，你则可能会挺喜欢这场演出，甚至会对那个替角的演技品评一通。

我们还需要在自己的愿望当中多做些有根有据的估计，少来点主观的臆想。

很简单，我们应追求与自己的能力大小相当的目标。如果我们对外语并不在行，却期望当上法文小说翻译家，那就是异想天开。

那么，怎样才能从一场深深的失望中恢复过来呢？

首先要承认你受到的创伤和打击，不要掩饰它。然后，如果你愿意的话，可以难过一段时间。

接着，我们需要对所受的损失做一定分析。这最难，它要求我们领悟到：我们所期望的每一件事情都并非绝对不可缺少。

令人失望的事可以成为一次总结经验的机会，因为它用事实给我们上了一课，使我们清醒过来，正视生活的现实。它提醒我们重新考察自己的愿望，以便使之更加切合实际。

失望是谁都会有的情绪，因为世事毕竟不能尽如人意，不过在失望面前你不应气馁，而是应该把失望化作动力，继续为自己的目标拼搏下去。

8. 告别焦躁，与快乐握手

四十岁的女人难免会碰到一些不顺的事，比如能力得不到施展、婚姻生活不顺利等问题，这种人生逆境很容易使人产生一种焦躁心理，这种心理会使人失去理智、烦躁不安，因此应当尽快消除这种不良心理。

每一位四十多岁的女性对生活都有许多美好的幻想、憧憬、希望，为了实现它们，她们会做出种种努力，但当她们在努力一个阶段后就会受到多种阻碍及压力，迫使她们不得不停止努力，这便是挫折。如果挫折持续时间较长，影响范围较大，女性就会产生一种深深的挫折感，如果不进行及时疏解，所造成的伤害是很难平复的。

积极地消除心理挫折，是战胜焦躁心理的主要手段，具体应从以下几个方面着手：

（1）找到挫折产生的原因，对症下药

造成中年女性产生挫折感的原因是多方面的，但都是主观与客观因素共同作用的结果。比如说，目标选择是否得当，对客观条件的许可和存在是否估计得较为准确，时机的把握、策略的采用、方式方法的运用等是否得当，个人性格气质方面是否合适等等，都对努力的成败有影响。从客观因素上讲，社会环境的好坏，周围人群的思想意识、作风、习俗等等，都对人的行动起作用。主观认识上的局限，自身存在的某些不足和弱点，往往是挫折感产生的内在因素；而客观条件的优劣，又往往起着减轻或加重挫折感程度的作用。在每一个社会变革期间，新与旧的矛盾总是存在，人们总会有适应与不适应，这样就不可避免地出现社会适应过程中的各种挫折。

（2）正视挫折，不惧怕挫折

任何人遭受挫折后，都会产生一种挫折感，但这种挫折感的程度并不是一样的，这既与挫折本身的严重程度有关，更与一个人的性格和意志水平等有关。

挫折，往往在我们对社会、对自我的认识出现偏差时，在我们偏离目标或脱离实际时向我们亮出红牌警告，使我们清醒过来，重新认识环境和困难，重新调整自己的人生坐标，因此挫折也不是一无是处的。

心理学家曾对580位成功女性进行调查，结果发现其中近四分之三的人都受过各种挫折和磨炼。

身在顺境时，因为满足现状，不思进取，容易产生惰性；而身处逆境时，遭受挫折压力，就往往会使人迫于境遇，锐意进取。这时，思想上的压力，甚至肉体上的痛苦都会成为精神上的兴奋剂，促使人们取得成就，所谓“失败是成功之母”，就是这个道理。

中年女性应该认识到，虽然某些事情失败了，虽然某些愿望一时实现不了，但我不是失败者。古今中外，芸芸众生，谁没有失败过？

（3）通过心理补偿的方式调节心理

尽管我们知道挫折、失败、逆境都具有两重性，但遭受挫折，身处逆境，总会让人觉得心里不痛快。而过重的心理压力，长期的紧张状态，有害身心健康。因此，运用心理补偿机制是中年女性迅速适应逆境生活，走出逆境的好方法。而有关研究也表明，人的心理有一种补偿功能，当某一方面的心理产生危机，失去平衡时，可以通过心理补偿的方式进行调节，使心理恢复正常。比如说一个人失去亲人，异常痛苦时，朋友的关心和安慰就会熨平她心灵的创伤，极大地减轻她的痛苦，这是一种心理取代方法。此外还有心理升华、心理转移等，恰当地运用这些方法，你就可以成功地走出逆境。

（4）通过自我暗示减轻心理压力

一个中年女士是个非常豁达的人，她说：谁能没有烦恼呢，就看你怎么看！比如我的儿子和我顶嘴，我就不会气得发抖，我会安慰自己说：知足吧！幸好他不会去作奸犯科！

四十多岁女性在遇到挫折时，不妨像这位女士一样用自我暗示来减轻心理压力，调节情绪，安慰自己。比如做错事受到别人责备，要对自己说：没关系，只要认识错误改正了就好了；做事失败遭到嘲讽，就要告诉自己：失败是成功之母；遭受了嫉妒、报复、诬蔑，经过反思，确信自己是正确的，就应“走自己的路，让人家说去吧！”对外界的议论、误解和压力不争一日之长短，振作精神，从失利中闯出新路，告诫自己：前途是光明的。通过自我暗示、自我安慰，是可以取得心理平衡，缓解挫折逆境的压力的。

第四章　放弃点追求：别让欲望害了你

人有欲望很正常，但是欲望不能过分强烈，无限膨胀，对于一个四十岁的女人更是如此。到了“不惑”的年龄你应该明白，幸福不在于你想拥有什么，而在于你能对已经拥有的东西感到满足。放弃一点追求，你会感到轻松许多。

1. 知足是智慧常乐是境界

四十岁的女人要学会知足与感恩，这是构筑幸福生活不可或缺的要素，即便你的境况不那么尽如人意，但只要你把知足与感恩放在心中，就能够找到幸福。

《达到经济自由的九个步骤》一书的作者奥曼，自己买得起劳力士手表和名牌服饰，开得起豪华跑车，也能够到私人小岛度假，却坦白承认她没有满足感，甚至有好友在旁，她仍然感到孤独。

奥曼说："我已经比我梦想的还要富裕，可是我还是感到悲伤、空虚和茫然。财富居然不等于快乐！我真的不知道什么东西才能带来快乐。"

像奥曼那样，为钱奋斗了大半辈子才悟出"有钱买不来快乐"道理的人不在少数。她如果肯在圣诞假期当中静下心来读读普拉格的《快乐是严肃的题目》这本书，就会感悟出感恩之心是快乐的秘诀。

普拉格的书中引述了一个观点：人之所以不快乐，就是因为人本身出了问题，把有问题的部分修理好就行了。根据他的看法，不知感恩是造成不快乐的一大原因。特别是在布施礼物的"快乐假期"里，他提醒做父母的应该好好教导孩子学会感恩与满足。他认为，"如果我们给孩子太多，让他们的期望越来越大，就等于把他们快乐的能力给剥夺了。"他认为做父母、做长辈的有责任要求孩子们学会从心里说"谢谢"。

知足也是快乐的重要条件。心理学家多易居说，佛家早就指出，人类不快乐的最大原因是欲望得不到满足与期望得不到实现，而美国文化培养出来的普拉格则详细区分了“欲望”与“期望”。他说：“虽然欲望也许有碍快乐，却是‘美好人生’不可缺少和无法消除的成分；期望则是另一回事，例如，我们期望健康，但得付出代价。”

比如，某一天你发现身上长了个瘤，你心怀忐忑找医师检查。一个礼拜后，当听到诊断结果为良性瘤时，你会感到这一天是你一生中最快乐的一天。

事实上，这一天和你怀疑身上有瘤的那一天一样，生理上的健康情形并没有改变，但在精神上你却快乐得不得了。为什么？因为今天你并没有期望自己会很健康。

因此我们能够也应该“欲望”健康，但不应该“期望”健康！就好像我们不应期望人生当中许多事：求职面试顺利，投资策略成功，甚至所爱的人长命百岁。他说，如果我们分不清“欲望”和“期望”，我们便会感到“失望”。期望得不到实现，不但会给我们带来痛苦，也会破坏我们的感恩之心，而感恩心情是快乐的必要条件。

所有快乐的人都心怀感恩，不知感恩的人不会快乐，而你期望越多，感恩之心就越少。在期望获得满足的一刹那，我们必须想到那绝不是必然的事。既然如此，感恩之心会增加我们的愉悦，也会使我们将来不致于不快乐。

如果你仍觉得自己不是一个幸福的女人，那么就看看下面的内容：

假如将全世界各种族的人口按一个100人的村庄且按比例来计算的话，那么，这个村庄将有：57名亚洲人，21名欧洲人，14名美洲人（包括拉丁美洲），8名非洲人；这其中有52名女人和48名男人；30名白人和70名非白人；30名基督教徒和70名非基督教徒；89名异性恋者和11名同性恋者；6人拥有全村财富的89%，而这6人均来自美国；80人住房条件不好；70人为文盲；50人营养不良；1人正在死亡，1人正在出生；1人拥有电脑；1人拥有大学文凭。

如果我们以这种方式认识世界，那么忍耐与理解则变得再明显不过了。

也请记住下列信息：

如果今天早上你起床时身体健康，没有疾病，那么你比其他几百万人更幸运，他们甚至看不到下周的太阳了；

如果你从未尝试过战争的危险、牢狱的孤独、酷刑的折磨和饥饿的滋味，那么你的处境比其他五亿人更好；

如果你能随便进出教堂或寺庙而没有任何被恐吓、暴行和杀害的危险，那么你比其他30亿人更有运气；

如果你的冰箱里有食物，身上有衣可穿，有房可住及有床可睡，那么你比世上75%的人更富有；

如果你在银行里有存款，钱包里有票子，那么你属于世上8%最幸运之人；

如果你父母双全，没有离异，且同时满足上面的这些条件，那么你的确是那种很稀有的地球之人；

如果你读懂了这些信息，那么你刚刚得到了一个双重的祝福，因为至少有发这些信息的人在想着你，而且你不属于那另外20亿文盲。

因此，为你现在所拥有的幸福欢呼吧，当然也不要忘记随时为幸福加温：

①保持健康，有健康的身体才有快乐的心情。

②充分休息，别透支你的体力。累则心烦，烦易生气。

③适度运动，会使你身轻如燕，心情愉快。

④爱你周围的人并使他们快乐。

⑤用发自内心的微笑和人们打招呼，你将得到相同的回报。

⑥遗忘令你不快乐的事，原谅令你不快乐的人。

⑦真正地去关怀你的亲人、朋友、工作和四周细微的事物。

⑧别对现实生活过于苛求，常存感激的心情。

⑨享受人生，别把时间浪费在不必要的忧虑上。

⑩身在福中能知福，也能忍受坏的际遇，且不要忘记宽恕。

献身于你的工作，别变成它的奴隶。

随时替自己创造一些容易实现的愿望。

每隔一阵子去过一天和你平常不同方式的生活。

每天抽出一点时间，让自己澄心静虑，使心灵宁静。

回忆那些使你快乐的事。

凡事多往好处想。

为你的工作做妥善的计划，使你有剩余的时间和精力自由支配。

追求一些新的兴趣，但不是强迫自己去培养一种习惯。

抓住瞬间的灵感，好好利用，别轻易虚掷。

在生活中制造些有趣的小插曲，制造新鲜感。

如果心中不愉快，找个和平的方式发泄一下。

泡壶好茶，找三两知己，随心所欲地畅谈一番。

偶尔忘记你的计划或预算，随心所欲吧。

重新安排你的生活空间，使自己耳目一新。

搜集趣闻、笑话，并与你周围的人共享。

安排一个休假，和能使你快乐的人共度。

去看部喜剧片，大笑一场。

2. 让自己的攀比之心再淡一些

一些四十岁的女人坦言，不喜欢参加同学聚会，因为女人聚在一起就要攀比：比事业、比地位、比房子、比车子、比银子……于是，我们越比越急、越比越累，老实说这种烦恼都是自找的，放下攀比之心，你的生活一定会轻松很多。

尽管我们都知道“人比人，气死人”的道理，可在生活中，我们还是要将自己与周围环境中的各色人物进行比较，比得过的便心满意足，比不过的便在那儿生闷气发脾气，这其实都是我们的攀比之心在作怪，说白了还是虚荣心在那里作怪。

有这种心理的人，会将别人的任何东西都拿来与自己的进行比较：家里住多大的房子、有什么样的车子、老公的样子、花钱的派头、地板砖的质料、孩子的学习，当然更多的就是比谁家住的、吃的、用的、玩的更阔气！

历史上常有权贵们互相攀比的例子：

北魏时期河间王琛家中非常阔绰，家中珍宝、玉器、古玩、绫罗、绸缎、锦绣，无奇不有，常常与北魏皇族的高阳进行攀比，要决一高低。有一次王琛对皇族元融说：“不恨我不见石崇，恨石崇不见我！”而石崇本身就是一个又富贵又爱攀比的人。

元融回家后闷闷不乐，恨自己不及王琛财宝多，竟然忧虑成病，对来探问他的人说：“原来我以为只有高阳一人比我富有，谁知道王琛也比我富有，唉！”

还是这个元融，在一次赏赐中，太后让百官任意取绢，只要拿得动就属于谁。这个元融，居然扛得太多致使自己跌倒伤了脚，太后看到这种情景便不给他绢了，当时人们引为笑谈。

南北朝时有一个叫符朗的官员，当时朝中官员们有一个时尚：用唾壶。符朗为了攀比、炫耀，让小孩子跪在地上，张着口，符朗将痰吐进去，攀比到了用孩子作唾壶的地步！

分析人之所以乐于攀比不疲的原因，实际上是一个面子问题。

人生在世，但凡是个正常的人，多多少少都有些虚荣，虚荣本来无可厚非，但虚荣过火之时便是让人讨厌之时。这攀比就是因过度虚荣而表现出来的一种让人讨厌的性格特征。

攀比有以下害处：

（1）让人情绪无常

当攀比之后，胜了别人，立刻情绪高涨，自大狂妄，以为天下惟有我是最了不起的；可是比得过甲，不见得比得过乙，不如乙的时候立刻情绪低落，感觉脸上无光，一点面子没有，恨不得找个缝隙自己钻进去。像元融，见别人的财富珍宝多过自己，立刻满脸忧虑，甚至都愁出病来。

（2）易伤害交际感情

人在社会中，必须与他人交往，如果你在群体中不是去攀比甲，就是攀比乙，在攀比之中会伤害和你交往的对象。比得过，你便轻视别人，看不起别人，从而不尊重别人，别人只能对你不置可否；比不过的，你会满含妒意，或造谣、或诬陷，对人用尽一切诋毁之手段，同样会伤害别人的感情，破坏良好的交际关系。大家最后都懒得与你来往。

（3）攀比会使一个人容易走上犯罪道路

这种人无非是想尽一切办法去扩大自己的财富，提高自己的名声。当你所使用的手段不是那么正大光明时，比如你通过贪污挪用、行贿受贿来扩大自己的财富，好去虚荣地攀比，那么总有一天你会锒铛入狱的。

有很多人并不认为自己是攀比，而认为自己花钱多、购物多、上档次、穿名牌、拿手机、玩掌上电脑是讲究生活品质，自诩自己的那些一掷千金、一掷万金的举动是“为了追求生活品质！”“为了讲究生活品质！”

实际上，那些真正讲究生活品质的人并不是体现在表面上，也不是纯粹表现在物质这个浅层次上，“讲究生活品质”只不过是为自己肤浅的攀比行为打掩护。你只要在镜中照一下自己眼角的那处不屑、那处自满，你就会明白“生活质量”不过是攀比、炫耀的代名词！事实上，这只不过是失去了求好的精神，而将心灵、目光专注于物质欲望的满足上。在一个失去求好精神的社会中，人们误以为摆阔、奢侈、浪费就是生活品质，逐渐失去了生活品质的实质，进而使人们失去对生活品质的判断力，攀比着追逐名牌，追逐金钱，追逐各种欲望的满足。难怪人们在物质欲望满足之际，却无聊地在那儿打哈欠，无聊地在夜里互相攀比着烧钱玩！

但很多女人还是在羡慕那些住大房子、开名牌车、穿着入时的女人，以为那才是生活，那才是生活的本质，于是这些人不择手段地去追求，甚至到心力交瘁的地步。

如果你是一个试图攀比的人，那么停下你的脚步吧！

（1）别让虚荣阻碍了你享受生活

攀比让你的虚荣心满足，可为了这满足你却付出了多大的代价：想方设法、不择手段、焦头烂额、心神交瘁，更大的代价是你忘了生活中还有比攀比更让人感到愉悦的事情。

（2）创造你自己的生活品质

真正的生活品质，是回到自我，清楚地衡量自己的能力与条件，在这有限的条件下追求最好的事物与生活。生活品质是因长久培养了求好的精神，从而有自信、丰富的内心世界；在外可以依靠敏感的直觉找到生活中最好的东西，在内则能居陋巷、饮粗茶、吃淡饭而依然创造愉悦多元的心灵空间。

（3）思考攀比的意义

与别人攀来比去，你最后除了虚荣的满足或失望之外，还剩下什么？有没有意义？是徒增烦恼还是有所收获？最后思考的结果即毫无意义。你感到无意义，自然就会停止这种无聊的行为。

生活是自己的，只要自己过得开心、舒适就好，何必让有害无益的攀比损害自己的幸福呢？

3. 从林语堂的半半哲学中感悟点什么

四十岁女人常常觉得生活和工作不相容，她们既想在工作上做出一番令人刮目相看的成就，又想过着自由惬意的生活，但结果，她们总是两头不讨好，顾此失彼。

有一句话是这样说的："工作可以使一个人高贵，但也可能把他变成禽兽。"这句话也可能是你的写照。意气风发的时候，你觉得自己仿佛可以征服天下；沮丧疲惫的时候，你看你自己可能连一只小蚂蚁都不如。

做着自己不喜欢的事，为了生计又不能辞职，那么别忘了，下了班之后，记得把自己拉回来！除了工作之外，你应该还有其他人生的目标，一些希望完成的事，例如，你真的想在阳台上种番茄，想到海边钓鱼，不要迟疑，赶紧动手吧！除了工作之外，生活依然属于你自己，不要忘了为自己的快乐奋斗！

做"双面人"时同样可以将自己塑造成"双赢人"。工作是赢家，生活也是赢家。不管你有过多少丰功伟业，不管你是不是受人注目的偶像，回到生活里就把它忘掉吧！其实，世上大多数人的人生目标都很简单：平安地活着，拥有幸福的家庭，做一点让自己开心的事，就足够了！

人们生而有欲又从不加以限制，致使现代社会的大多数人都不约而同地追求欲望的满足，于是，无休止的竞技争斗和自我欲望的无限膨胀也就应运而生。有人将获取无限财富，并跻身于世界富豪的排行榜，视作自己一生的奋斗目标；有人声色犬马、日耗斗金，过着奢靡得不能再奢靡的生活；还有的人为了名声地位、出人头地，以至于竭思尽虑、无所不用其极。林语堂也是一个充满欲望的人，无论工作、金钱、感情和饮食上他都有着强烈的需求，但与众不同的是，他对这些欲望常常加以限制，这就带来了林语堂人生追求的“中庸”性质，即半半哲学的人生观。

林语堂深受儒家学派思想的影响，特别是孔子，所以林语堂对中庸思想推崇备至，他说：“我像所有的中国人一样，相信中庸之道。”林语堂还非常喜欢清代李模（密庵）那首《半字歌》，认为它最形象地反映了自己的人生理想。这首《半字歌》写道：“看破浮生过半，半之受用无边。半中岁月尽悠闲，半里乾坤宽展。半郭半乡村舍，半山半水田园。半耕半读半经廛，半士半姻民眷。半雅半粗器具，半华半实庭轩。衾裳半素半轻鲜，肴馔半丰半俭。童仆半能半拙，妻儿半朴半贤。心情半佛半神仙，姓字半藏半显。一半还之天地，让将一半人间。半思后代与沧田，半想阎罗怎见。饮酒半酣正好，花开半时偏妍。半帆张扇免翻颠，马放半缰稳便。半少却饶滋味，半多反厌纠缠。百年苦乐半相参，会占便宜只半。”这是对中庸哲学的形象阐释，它将天地人生的种种现象与关系写得绘声绘色，一览无余，其中在对天地万物的悲悯中又有着达观超然的人间情怀。没有对世界、人生的本质性理解，如何能深刻、透彻以至于此。作者也将天地间的冷暖、得失、出入、是非、进退、悲欢描述得入木三分。

其实，人生中存在着多个矛盾体，对每个矛盾体都应采取一种“半半哲学”的调和方法。因为人生永远有两个方面，工作与消遣、事业与游戏、应酬与燕居、守礼与陶情、拘泥与放逸、谨慎与潇洒。其原因就在于人之心灵总是一张一弛，若海之有潮汐，音之有节奏，天之有晴雨，时之有寒暑，日之有晦明。

林语堂将“半半哲学”运用到人生上，也为自己找到了一个有力的支点。他说：“我们承认世间非有几个超人——改变历史进程的探险家、征服者、大发明家、大总统、英雄——不可，但是最快乐的人还是那个中等阶级者，所赚的钱足以维持独立的生活，曾替人群做过一点点事情，可是不多；在社会上稍具名誉，可是不太显著。只有在这种环境之下，名字半隐半显，经济适度宽裕，生活逍遥自在，而不完全无忧无虑的那个时候，人类的精神才是最为快乐的，才是最成功的。”这里所提到人生成败得失的问题，也涉及到人生的最终目的问题，也可以这样说，是将人生的欢乐删除掉而一味追求所谓的创造，还是在创造之余保有一颗快乐、幸福之心？因此，在生活中一无所求，就没有忧虑。心态从容平静，精神饱满丰盈，生命充实内在，此种人生才值得一活。

人生苦短，最长命者亦不过百岁。以往我们的人生观可能比较注重不断地奋斗、获得，扼住命运的咽喉并与之抗争之精神，但却相对忽略了充分地体会人生，细细地咀嚼生命中的每一时刻。

《菜根谭》中有这样几句话：

花看半开，酒喝微醉，此中大有佳趣。

若至烂漫烂醉，便成恶境。经历盈满者，慎思之。

凡事适可而止，欲念只求适度而已，不宜过火，太过犹如不及。对事情过分追求，效果反而不美。不如放宽胸怀，追求另一种残缺的美，这更能将美发挥得淋漓尽致。僵化的观念，只会把自己活生生地钉死在框子里，生命遂变得呆板乏味。曾有心理学家说：“若不能改变眼前的事实，则改变自己对这事实的看法。”正如一句歌词中唱的一样：“人生就像一场戏，又何必太在意。”不要对此过分的认真或操心。

儒家讲“中庸”，佛教则提倡“随缘”。胆憨山大师的醒世歌，大有哲理，合乎中庸、随缘之道。

红尘白浪两茫茫，忍辱柔和是妙方，

到处随缘延岁月，终身安分度时光。

休将自己心田昧，莫把他人过失扬，

谨慎应酬无懊恼，耐烦做事好商量。

是非不必争人我，彼此何须论短长，

世界由来多缺陷，幻躯焉得免正常。

语气何等踏实，不愧为真参实学的箴言！

究竟要多少名、多少利，人才会有所满足？媒体的广泛传播，使人们很容易了解各种阶层各种身份的人如何争名逐利，又如何为了名利而身陷江湖，身不由己。看到那么多宦海浮沉、人情冷暖，应该想到，在名利之外，女人总是要为自己保留一些尊严。一介布衣不见得一定清寒，但绝对可有万丈豪气。

4. 快乐是简单的姊妹篇

一直以来，人们不断地把各种有形、无形的东西加在自己身上，好让自己富有、充裕，让自己壮大、盈满，人们相信只有这样才能拥有幸福。然而，事实是我们想拥有的越多就会越烦恼，而简单的生活才能让我们快乐。

在报上读到一篇报道：信用卡滋生欠款一族，美国青年开始花“退休”后的钱——

约翰·唐纳德是休斯顿大学的一年级学生，他第一次用信用卡支付签了名，得到了一件T恤衫。20年后，他发现自己已经用24张信用卡支付签了字，总计消费高达16万美元。

四十岁的米娜·霍尔度完蜜月回来，发现自己已经被老板炒了鱿鱼。她和丈夫不得不开始盘算如何偿付旅行以及购置新房家具的4.6万美元的现金。

与以往其他年代的人不同，现在二十岁至四十岁的美国人都是伴随着债务文化成长的。这种文化是由方便易行的信用卡产品、持续繁荣的经济以及奢华的生活方式组成的。有关人士指出，现在许多美国人往往是靠欠单生活，利用信用卡和贷款，来支付餐馆费用，来购买高技术玩具，以及新款汽车。有很多学生在他们大学毕业之前，就已经债台高筑。因债务缠身，不少人发现自己现在已经很难买得起房了。就像有人说的：我们得竭尽全力来偿还我们的欠款。

那么，这里到底出了什么问题？是信用卡不好，是“超前消费”不对，还是经济繁荣、高科技发展有罪？你看，什么手机、寻呼器、语音邮件、配有第二部电话线的计算机或者DSL的接头、因特网服务产品和掌上电脑等等，可不都是高科技的产物？而这些东西又是年轻人最喜欢的，尽管它们价格昂贵。

还是一位美国女人自己说出了问题所在：电影、电视节目以及广告都在鼓吹这样一种观念——现代人有权享受丰富的生活方式。“在那疯狂的紧跟时髦生活的浪潮中，我们便不知不觉地陷入了金融麻烦中。”

睿智的中国古人早就指出：“世味浓，不求忙而忙自至。”所谓“世味”，就是尘世生活中为许多人所追求的舒适的物质享受、为人羡慕的社会地位、显赫的名声等等。现代人追求的“时髦”、“新潮”、“时尚”、“流行”，像被鞭子抽打的陀螺一样忙碌——或拼命打工，或投机钻营，应酬、奔波、操心……很难再有轻松地躺在家中床上读书的时间，也很难再有与三五朋友坐在一起“侃大山”的闲暇。忙得会忽略了自己孩子的生日，忙得没有时间陪父母叙叙家常……

可怜的美国人，在电影、电视节目以及广告的强大鼓动下，“世味”一“浓”再“浓”，疯狂地紧跟时髦生活，结果“不知不觉地陷入了金融麻烦中”。今日的美国人尽管也在努力工作，收入往往也很可观，但收入永远也赶不上层出不穷的吸引你的消费产品的增多。如果他们不克制自己的消费，不适当减弱浓烈的“世味”，他们就不会有真正的快乐生活。

菲律宾《商报》登过一篇署名陈美玲的文章。作者感慨她的一位病逝的中年朋友一生为物所役，终日忙于工作、应酬，竟连孩子念几年级都不知道，留下了最大的遗憾。作者写道，这位朋友为了累积更多的财富，享受更高品质的生活，终于将健康与亲情都赔了进去。那栋尚在交付贷款的上千万元的豪宅，曾经是他最得意的成就之一。然而豪宅的气派尚未感受到，他却已离开了人间。作者问：“这样汲汲营营追求身外物的人生，到底快乐何在？”

这位朋友显然也是属于“世味”浓的一族，如果他能把“世味”看淡一些，像陈美玲那样“住在恰到好处的房子里，没有一身沉重的经济负担，周休二日不值班的时候，还可以一家大小外出旅游，赏花品草……”这岂不是惬意的生活？

陈美玲写道：“‘生活简单，没有负担’，这是一句电视广告词，但用在人的一生当中却再贴切不过了。与其困在财富、地位与成就的迷惘里，还不如过着简单的生活，舒展身心，享受用金钱也买不到的满足来得快乐。”

“只有简单着，才能快乐着。”不奢求华屋美厦，不垂涎山珍海味，不追名逐利，不扮贵人相，过一种简朴素净的生活，才能感受到生活的快乐，一种外在的财富也许不如人、但内心充实富有的生活，这才是自然的生活。有劳有逸，有工作着的乐趣，也有与家人共享天伦的温馨、自由活动的闲暇，还用去忙里偷闲吗？“世味淡，不偷闲而闲自来。”

“简朴生活”并不是要你放弃所有的一切。实行它，必须从你的实际出发。简单生活不是自甘贫贱。你可以开一部昂贵的车子，但仍然可以使生活简化。一个基本的概念就在于你想要改进你的生活品质而已，关键是诚实地面对自己，想想生命中对自己真正重要的是什么。

空闲时，你不妨回想一下自己的生活处境，因为一味追求繁复的生活，我们吃了多少苦头！因此我们要懂得放弃和放手的艺术，要树立简单生活的观念，这样一来生命就会向你展现出另外一个截然不同的景致和局面。

5. 不要让名利吞噬了你的心灵

名利，是一种荣誉、一种地位。不仅男人热衷名利，不少四十岁女人为了一时的虚名所带来的好处，也会忘我地去追求名利。结果她们得到了名利，却失去了快乐的心境。

沉溺于名会让你找不到充实感，让你备感生活的空虚与落寞。尤为可怕的是，虚名在凡人看来往往闪耀着耀眼的光芒，引诱你去追逐它。尽管虚名本身并无任何价值可言，也没有任何意义，但是总有那么一些人为了虚名而展开搏杀。真正体会到生命的意义、人生的真谛的人都不会看重虚名。

几年前，马思尼自己创业当老板，年收入超过50万美元。不料，就在公司的业绩如日中天的时候，他突然决定把公司交给太太经营，自己则转到一家大企业上班，月薪骤减为6000美元。周围的人都无法理解他："你到底在想什么？"

马思尼透露，当时他的想法很简单：对方应允他可以拥有一间单独的办公室，旁边摆着一台音响，每天愉快地听着音乐工作，而这正是他一直最想过的日子。

马思尼并不想做大人物，所以，他也从不认为男人就一定要当老板，有些事其实可以让给女人做。不过，他观察到大多数的男人好像都非得做个什么头儿，觉得有个头衔才有面子。

以前，他也有过同样的想法，到后来则发现这其实是"自己给自己的枷锁”。于是，他渐渐学会“欣赏”别人的成就，而不是处处跟别人比。“我跟别人比快乐！”他说，也许别人比他有钱，做的官比他大，但是，却比他活得辛苦，甚至还要赔上自己的健康和家庭。

马思尼说，他这辈子最想做的是当一名“义工”，虽然没有名片、也没有头衔，但却是一个非常快乐的人，“我希望能在五十岁之前，完成这个心愿”。

曾有一个笑话将“开同学会”比喻为“比赛大会”，看看谁嫁得好，谁赚的钞票比别人多。“嗯！她这几年混得不错，现在已经爬到总经理的位置了！”“那女人更风光，有自己的别墅，老公开的还是八缸名车！”看到别人比自己混得好，就浑身不自在，顿时觉得矮了一截。

有一位四十岁女士，早年费尽心力，终于拿到博士学位，并且在一所著名的大学里任教，在学术界享有盛名。提起自己的成就，她最得意的是：“很多当年的同学都很羡慕我！”

当提及她的生活时，她的表情开始转为凝重。她承认自己几乎没有家庭生活：“我一天只睡5个小时，绝大多数的时间都用来做研究。我的先生常和我争吵，惟一的女儿也跟我很疏远，我从来没有跟他们出去度过一天假，所有的时间都给了工作。”

一个女人非得要把自己弄得那么累吗？她重重地叹了一口气：“唉！你不知道，干我们这一行，不进则退，后面马上就有人追上来了！”那么，感觉快乐吗？她愣了许久，最后终于说出真话：“老实说，我一点都不快乐，我恨死了我现在的工作！我只想好好坐下来，什么事都不做。可是，我简直不敢回头想。以前，我的愿望只是想当一名高中老师。”

这是一个真实的例子。“名利”这个词，早已吞食了这位女士的心灵，对她只有伤害，毫无益处。无止境地竞逐成就，只有把女人弄得愈来愈累，很多女人的生活失去了平衡，她们不知道何时该停下来休息。

如果你的心里还在为领导这次提拔了别人而没有提拔你感到愤愤不

平，如果你还在因为与你一起购买体育彩票的邻居中了大奖而你却什么也没有得到而久久不能释怀，那么看了上面的两个例子，你是不是觉得有所悟？其实，名利本来就是那么一回事。只要我们全身心地投入生活，那么即使没有了名利，我们也照样会生活得有滋有味，快快乐乐。

人生活在这个社会中，不可能事事顺心。或许一生的努力都是徒劳，或许高官厚禄、巨额钱财在顷刻之间就会离你而去，荣耀风光成为黄粱一梦。一些人老谋深算，为了争名夺利，不择手段地算计他人，可在突然之间却已被他人算计。人何必活得这么辛苦？因此，淡泊名利是人生幸福的重要前提。如果你渴望轻松，渴望真正获得生命的意义，那么请一定记住——看淡名利。

6. 超出需要的钱只是一个符号

也许一个女人年少时会把钱看得很淡，但人到四十，上有老，下有小，肩上的责任日复一日地加重，这时钱的重要性就会越来越明显。努力赚钱是无可厚非的，但要把握一个度，超出了个人的需要，那么钱就是一串数字，一堆废纸而已。

人的欲望是一种本能，不是罪恶。每个人都会有欲望，只不过每个人的欲望都不一样，有些人希望“五子登科”，有些人希望美眷巨宅，有些人希望名与权皆备……过多的欲望，会使有血有肉的人变成机器，少欲的人，才能得闲，无事当看韵书，有酒当邀韵友。

老实说，钱可以买到“婚姻”，但买不到“爱情”；钱可以买到“药物”，但买不到“健康”；钱可以买到“美食”，但买不到“食欲”；钱可以买到“床位”，但买不到“睡眠”；钱可以买到“珠宝”，但买不到“美丽”；钱可以买到“娱乐”，但买不到“愉快”；钱可以买到“书籍”，但买不到“智慧”；钱可以买到“谄媚”，但买不到“尊敬”；钱可以买到“伙伴”，但买不到“朋友”；钱可以买到“权势”，但买不到“威望”；钱可以买到“服从”，但买不到“忠诚”；钱可以买到“躯壳”，但买不到“灵魂”；钱可以买到“帮凶”，但买不到“知己”；钱可以买到“劳力”，但买不到“奉献”；钱可以买到“财富”，但买不到“幸福”……

钱是生活之必需，又是万恶之根源，就看你如何驾驭！

一般情况下，人们只跟自己的同事团体来往，这个团体才是他们衡量自身成败的参考指标。例如，在一些国家，年收入在2万美元到3万美元间的阶层，有他们自己的社交圈子。在这个圈子里，一年赚2.96万的就堪称高收入，2万元的则是低收入。一年赚2.96万的人如果要采用一年赚10万的人的标准，结果一定是有失落感，而非满足感萦绕。如果人人都和洛克菲勒或唐纳·川普比较，我们的社会一定比现在更动荡不安，许多人也会终生不满，生活在痛苦的深渊。

问题是人的一生要多少钱才够用？只要不是太奢侈，大多数人所赚的，往往多过于自己的需求。

奢侈，可以说是有钱的现代人的最大迷障。

哲学家说，钱有四种意义：钱是钱，钱是纸，钱是数字，钱是冥纸。但一般人都多赋予了它另一个意义：钱是万能。

钱能取来花用，算钱。

赚了钱，但换成数量庞大的房子、车子、土地，守着不能用，叫纸。

把钱全存进银行，以数字的变化为荣，钱是数字。

赚太多了，身体撑不住了，钱则是冥纸，烧给自己用。

很多年前，有一个商人为了显示自己的奢侈，用大把百元的大票粘贴成巨大的喜字；后来便有了一群商人为了满足自己的奢侈之心，开起了什么人体的盛宴；再后来，有了以金箔作为一道菜的黄金宴，有了二十万之天价的年夜饭，这些都是人的奢侈之心在作祟。

这能说明什么呢？我们很难想像它带给人们的是怎样复杂的联想。

要知道，在一个文明的社会里，社会越进步，人们就越提倡简朴，即使是在最发达的资本主义国家——美国，人们仍然以穿着的随意作为日常生活的时尚，拥有数百亿美元之巨的比尔·盖茨，也会为节省几美元的停车费而宁愿将车多开出一站地。

钱非万能，但没钱万万不能，所以该学会，当用则用，当省要省。

如果你检查一下屋里的后阳台，便明白自己的奢侈指数，满满一箩筐未曾用过的东西，用了一次便准备扔掉的器皿，回收的旧衣全是新衣，还有亲友送来的礼品，这些全是物欲横流的证据。

一顿便餐花了数百元，一件衣裳花了上千元，一双鞋八九百……这样的数字令人惊心。

我们忘了人生是一种矛盾，想奢侈就必须多赚钱，努力工作一定没时间，太过操劳，身体一定不好。

生活果真两难呀！如何两全其美，可是学问。

那么，怎样收起你对金钱的贪念，养成简朴生活的习惯呢?

一是要减少越多越好的欲望。

如果不乱花钱，便可以不拼命赚钱，便可以多出许多自在如意的时间，供自己随意使用。开始奉行“少即是多”的哲学吧——贪心少少，时间多多；东西少少，空间多多；工作少少，健康多多。

二是不要盲从于某些流行的产品。

避免追流行，因为它只是一种把你的钱从荷包里勾引出来的前奏，一件衣服只穿一个夏天，但得花掉你半个月的薪水，怎么也不划算呀！换作是我，只买自己喜欢的，而并非流行的。

女人节制浓妆艳抹，也会省去不少钱，许多化妆品里都含有某些伤害人体的物质，浓郁的香气，甚至会破坏呼吸系统的功能，消费也相当惊人。

三是别买那些眼下看来毫无用处的东西。

你的家绝不是垃圾堆置场，千万别把那些买来只用一次，或者根本不用的东西摆在家里，占据一个原本已很小的空间，它往往只会让你心情不好，别无他益。

四是多从关心自我的角度去设计生活和工作。

人生本来就是矛盾的，太会赚钱的人，没时间陪家人；努力工作的人，体力变差；很有钱的人，很会花钱；试图拥有全世界的人，小心赔上一条命。

对财富的追求要有一定限度，一个人即使有1000处房产，也只能睡在一张床上。所以，四十岁的女人，不要让钱迷住你的心，金钱够用就好，把精力全部投注于追求财富上只会伤身而已，别无益处。

7. 你已经到了告别虚荣的年龄

人性中有个重要弱点，就是贪慕虚荣，而人到了四十岁后，总是迫切地渴望别人对自己的行为表示认可，对自己的人生给予肯定。于是虚荣心膨胀得一发不可收，听到赞扬吹捧就眉开眼笑，没人吹捧就自我吹嘘，总之一定要别人承认自己无所不能，然而这样的虚荣心不但会使人迷失自我，更甚者还可能毁掉一生。

有一个四十岁的国企厂长，她从业务员做起，兢兢业业，加上能力很强，几次受到表彰。后来，由于机会来临，她步步晋升，最后做到一个国有大企业的厂长。在刚做厂长的时候，她还能约束自我。可是，后来她逐渐开始贪污受贿。事发被捕以后，她一把眼泪一把鼻涕地忏悔说："本来我是不会这样做的，可我那些部下们天天都在耳朵旁边灌输，说我如何如何的英明、睿智，说我如何如何受人爱戴、受人崇拜，说我应该得到这些，我就给弄糊涂了。"下属的这些溜须拍马的行为，让这个厂长的虚荣心得到了满足，让她产生盲目的优越感，让她以为虚荣心的满足就是物质上的满足、肉体上的满足。虚荣心实在害人不浅。

还有一些人为了虚荣，毫无主见，甘愿被人牵着鼻子走，吃了亏也偏要"打落牙齿和血吞"。

一些推销员，在向四十岁左右的女人推销化妆品的时候，会故意露出一句："这种产品你都不知道？大家都在用了呀！"这语气，好像那个女人不懂行情似的。这一来，就激起了那个中年女人的虚荣心。她会说："谁说我不知道？我只是觉得……”这个时候推销员会说：“不放心？像你这样有眼光的人，肯定不会看走眼，你挑一个，肯定管用。”这种夸奖真是来得恰到好处，那个刚刚差点受损的虚荣心，立时得到了满足。于是，她就毫不犹豫地买下了这个推销员的假冒伪劣产品。而事后，那个女人发觉自己因为虚荣的缘故上当受骗了，又不愿意让别人知道自己上了当受了骗，所以，她还会说那个产品如何如何好，自己如何如何有眼光，判断准确。

然而并不是所有的人在所有的时候都能得到赞美，得不到赞美的爱慕虚荣者怎么办哪？别急，人家自有“绝招”，嘴不是长在自己身上吗？没有吹捧也可以自我吹嘘呀！

自我吹嘘的学问也很大，例如，你可以跟初次见面的陌生人大吹特吹，因为他不知道你的底细，但一旦被拆穿，你的尊严就要被踩在脚下了；你也可以为了出名而吹嘘，这种情况下，你多半要提出你有“能力”的“证据”，但“证据”也往往会变成“把柄”，所以你要随时做好夹起尾巴走人的准备！

人有虚荣心是在所难免的，适度的话，它会成为你前进的动力，但太过爱慕虚荣就会使你的心态扭曲，害己害人。虚荣毕竟是一种虚假的荣耀，真想得到赞美的话，何不脚踏实地地努力一番，只有真的成绩，才经得起实践的考验。

[illegible]

第五章　看开那些事：给人给己多一点空间

看不开的事，鸡毛蒜皮也是天大的事；看开的事，即使重于泰山也能泰然处之。女人到了四十岁应该明白，凡事争个明明白白，只能让自己的生存环境更加恶化。相反，多看开一点，既给了别人更大的空间，也给了自己更大的空间。

1. 凡事作退一步想

女人到了四十岁，就应该懂得不是什么时候、做什么事都可以往前"冲"，必要时应该后退一步，因为这样做你才能发现海阔天空。

就像我们不可能让世界上的每一个人都满意一样，我们的生活不可能处处都是鲜花，我们的成功之路也不可能一帆风顺，我们也不可能事事都比别人强。

那么，在我们的人生不是一帆风顺的时候，在我们的人生出现一些挫折的时候，在我们的面前不都是鲜花的时候，我们该怎么办？

这时候，不妨后退一步，你会发现海阔天空，人生照样美好，天空依然晴朗，世界仍是那么美丽。

公司里人事调整，你原想这次你肯定升职，可宣布各部门人选的时候，你侧着耳朵听也没听到老板念你的名字。这时候，你先别生气，后退一步：毕竟没有被炒鱿鱼。然后想自己为什么没有被提拔，如果的确不是你的错，那就是老板没长一双慧眼，没发现你这颗珍珠，那损失的是老板而不是你。让他遗憾去吧！

单位里职称评定，你差一点就评上了。可惜的确可惜，但再可惜也没用了。这时候，你后退一步：这次差一点，下次就一点不差了。那么，回去再努力一年。这一年，你有可能做出惊天动地的成绩。

被公司老板给炒了。这肯定不如你炒他心里那么痛快，老板炒你肯定有他的理由，但你别去问，一问显得你没劲。你后退一步：毕竟只是被老板炒了，而不是被坏人杀了，只要大脑在，双手在，天下的老板多的是，老天爷还饿不死瞎眼的家雀呢。实在不行，自己做老板。

买了一只股票，本来可以赚5万元，由于贪心，只赚了5000元。你别光骂自己蠢，后退一步：毕竟还赚了5000元，而不是赔了5000元。下次不要再太贪心就是了。要是这次赔了5000元，也后退一步：毕竟只赔了5000元，而不是全赔了进去，下次不犯类似的错误，再赚回5万元就是了。

已经生病了，你心情肯定不会很好，但心情不好对你身体的康复只有坏处没有好处，因而尽量使自己不要沉溺在生病不好中不能自拔，后退一步：毕竟只是生病，那就趁这个机会好好休息一阵，平时难得有这样的机会。

人生在世，不如意的事情肯定会有，因为世界毕竟不是你一个人的世界，造物主尽量要公平一些，不可能把所有的好事都摊到你的头上，也要适当考验考验你，看看你在不顺的时间会是一种什么样子。如果你反应过激，他还会继续考验你，直到你能以一种平和的心态去看待、对待一时的不顺或者挫折。

以一种平和的心态去看待人生的不顺和挫折，并非是一种消极的心态。有时候，你后退一步，寻找到一种海阔天空的人生境界，这也是一种积极的心态。

2. 以宽容的心态去面对生活

生活中，一些四十岁女人留给别人的印象往往是苛刻的，对别人的一点小错不依不饶，这种情况很糟糕，四十岁女人应该学习以平和宽容的心态去面对生活，因为宽容的女人才是聪明美丽的。

生活中，我们总是对自己很宽容，对别人却很不谅解。自己起床迟了，我们会说昨晚工作太晚；自己骑车撞了人，我们会说没留神；自己闯红灯被交警撞了个正着，我们会说要赶时间忘记看红灯了；自己……

相反，对别人就大大不同了：别人犯了错误，我们会长时间地揪住不放；别人长了工资晋了职，我们会背后抱怨这小子有什么能耐；别人娶了个漂亮老婆，我们会想就这烂模样，真是“鲜花插在了牛粪上”；别人……

我们就是这样生活，日子就这样一天天过下去，然而我们是否会感到自己活得很累呢？由于对自己的过多宽容，导致我们将错误一犯再犯；由于对别人的抱怨，我们再也看不到真诚的笑脸，而只是一张张神态各异的假面。我们又开始埋怨起来，埋怨生活如此的冷漠乏味且沉重不堪。然而这一切又能怨谁呢？倘若我们能从黑暗的谷底走出来，用一颗宽容的心去看待周围的人和事物，我们就不会如此沉沦失望了吧！

学会宽容别人的缺点，缺点是每个人都有的；宽容别人无心的过失，那常常是他们也不能去主宰的。宽容使你学会了如何去欣赏别人，也使别人学会了如何来欣赏你。

学会宽容，却不要对自己的缺点错误宽容，只有不断发现并改正它们，你才能不断地提高自己的思想境界，让别人更加欣赏你。

当然，宽容并不是无原则的，它是有底限的，“宽容并不等于懦弱，我们是在用爱心净化世界，而绝不是含着眼泪退避三舍。宽容不是天平一端的砝码，不停地忙碌，维持着不断被打破的平衡，而是人世间永恒的爱与被爱。投之以李桃，报之以琼瑶，把宽容插在水瓶中，她便绽出新绿；播种在泥土中，她便长出春芽。学会宽容吧，互相宽容的朋友一定百年同舟；互相宽容的夫妻一定千年共枕；互相宽容的世界一定和谐美丽。”

我们来到这个世界上有两大使命：一是丰富世界；二是完善世界。用宽容这个武器，可以化解这世界上的一切矛盾。不懂得宽容的人需要先从自身找原因。

相传古代有位老禅师，一日在禅院里散步，突见墙角有一张椅子，他一看便知有位出家人违犯寺规越墙出去了。老禅师也不声张，走到墙边，移开椅子，就地而蹲。少顷，果真有一小和尚翻墙，他在黑暗中踩着老禅师的背脊跳进了院子。

小和尚双脚着地时，才发觉刚才踏的不是椅子，而是自己的师傅。小和尚顿时惊慌失措，张口结舌，但出乎他意料的是，师傅并没有厉声责备他，只是以平静的语调说：“夜深天凉，快去多穿一件衣服。”

我们可以想像听到老禅师此话后，他弟子的心情，在这种宽容的无声教育中，弟子不是被他的错误惩罚了，而是被教育了。

“夜深天凉，快去多穿一件衣服。”轻轻的一句话，看起来很容易说出，但具体落到我们每个人身上，也许就不容易了。不容易就在于我们常常认为宽容是一种软弱，是一种妥协，是一种对他人的纵容。其实，一个懂分寸的人是不会被纵容的，每个人都有他自己的尺度。而真正的宽容来自一个人内心的力量。人到中年，尤其是女人，不如意的事情时时都有，这就需要用一种宽容的心态去面对才会让心中充满快乐。

那么怎样才能拥有平和宽容的心态呢？

（1）用谅解的态度去对待别人

在为人处世之中，度量的大小将直接影响到人与人之间的关系能否顺利发展。有句俗话道：“千人千思想，万人万模样。”这就是说每个人都有自己的思想，对事情各有不同的看法。人与人的交往，难免会产生一些矛盾，另外，一时的误解也会将双方置于矛盾的境地。

因此需要你以谅解的态度去对待别人，这样便可以赢得时间，使矛盾得以缓和。相反，一个人如果度量不大，经常为了自己的一点私利，与对方斤斤计较、争吵不止，结果只能使矛盾愈加深化，伤害了感情，影响了友谊。

（2）容许别人犯错误，也容许自己改正错误

天下没有完人，即使智者也会有犯错误的时候。因此，你不应该因为别人的一次过失，便看不起他，甚至在内心将其置于一种“永不超生”的境地。在别人犯了错误，尤其是涉及你的利益时，能否以一种宽容的态度来对待，是衡量一个人素质的标准。宽容别人的错误，使其有更多改正的机会，你也会因此变得更加充实。当然，你也不应该因为自己一次过失或失败，便内疚不堪、自怨自责。人都是会犯错误的，只要能够从错误中吸取教训，及时加以改正，这也算是一种幸事。

（3）不要轻易猜疑别人

猜疑是制造矛盾的“凶手”，无端的猜疑，不仅会影响到你人际关系的成败，还会对自己做事原则带来负面的影响。

（4）不要在内心埋下怨恨

当你在工作上遭受别人算计的时候，你的内心一定充满对那些人的怨恨，甚至是绞尽脑汁想办法来进行报复。这个时候，你的胃口、睡眠和身体的免疫力都会受到一定损害。如果对方知道了这些，他们一定会愈加幸灾乐祸。因此，不要给自己埋下怨恨的种子，那样你会损失更大。

（5）在生活中不苛求事事如意

因为你不是万能的，所以你有优势的一面，肯定也有劣势的一点。你有绘画的天赋，并不意味着你在体育方面也拥有强势。你不能苛求自己事事都成功出色，在自己希望的园地里耕耘，弹奏自己的音符，这才是最明智的选择。

四十岁女人不仅要宽容别人，也要宽容自己。宽容别人，你得到的是真心的理解与尊敬，而宽容自己则会让你的生活温暖而幸福。

3. 做可爱的“糊涂”女人

看看社会上那些四十岁左右的人，一个比一个精明，一个比一个爱较真，生怕什么地方犯糊涂吃了亏。《红楼梦》里批王熙凤说“机关算尽太聪明，反误了卿卿性命”。这就是在告诉我们不要学王熙凤式的精明，世事复杂，我们不可能把每件事都弄得清清楚楚，这样做只会给你带来无尽的烦恼，影响你的生活，所以做人还是“糊涂”点为好。

有这样一个故事，有一位广告公司的米小姐，由于受父亲的影响，她对玄学有着浓厚的兴趣，以至于每次做生意或外出都要为自己占上一卦，看看运气怎样。有一次她要去韩国谈一桩十分重要的生意，在出发前，她在家里又为自己算了一卦，卦面上的内容还不算差，于是她高高兴兴地出发了。到机场买好机票，还有几分钟剩余时间，米小姐走到电脑算命机旁边，“名字叫米云，体重103斤，要搭2点35分飞机去韩国……”她深感吃惊，因为上面写的内容除了体重103斤比她实际的体重多两斤外，其他完全正确，她觉得有人在开玩笑，于是又踩上去，投了一块硬币，接着，又掉下来一张命运卡：你的名字还是米云，体重仍是103斤，你还是要搭2点35分的飞机去韩国……她更纳闷了，她想：“其他一切都那么准确，为什么偏偏体重多出了两斤？肯定是有人在故意捣蛋。”

米小姐决定捉弄一下对方，她到大厅的洗手间里换了一件套装，并在化妆上也稍加修饰，她相信现在的她就是妈妈见了也要看上一会儿才认得出来。她再次踩上算命机，投下了硬币，命运卡又掉下来了：“你的名字还是米云，体重还是103斤，不过你刚刚已经错过了2点35分的班机。”

这个故事听起来似乎有些荒诞，但是在现实生活中，确实有很多人都想不开，爱较真，结果因对一个自己明明心知肚明的道理或事情过分较真而耽误了生命的班机。

《圣经》里有这样一句话：“你自己眼中有梁木，怎能对你弟兄说：容我去掉你眼中的刺吧！”先去掉自己眼中的梁木，然后才能看得清楚，再去掉你弟兄眼中的刺。一些女性之所以不幸，就是因为她们太过认真，也太过敏感了，对待生活有时几近一种病态的苛刻。而这种苛刻又在很多时候是不讲理或不正确的，就像有一则故事里所讲的那样：

某地有一个又懒又喜欢谈论别人的妇人，一天，她看见邻居晒在阳台的白被单沾满了许多黑点，便嘲笑说：“我看这家女主人连衣服也洗不干净，不会理家，只会吃饭。”哪知当她推开自家的窗户一看，邻居的被单洗得又白又干净，这才发现原来是自家的窗户污秽不堪。

所以，为了不犯这样的错误，我们不妨“糊涂”一些，这样不但可以平静地原谅了别人，有时也是对自己的一种保护和释放。

糊涂，人生的大学问也。怎样艺术地、高明地糊涂，学问深也。清代郑板桥为排遣自己一时的不得志，便得出了“难得糊涂”的结论，并进一步指出，“聪明难，糊涂难，由聪明而转入糊涂更难”。

世人都愿当智者，不愿做糊涂虫，更不会心甘情愿地由聪明而转入糊涂。事实上，聪明有丰富的内涵和不同的层次。而糊涂呢，也有丰富的内涵和不同的层次。认真地做些研究，就可以发现聪明有初级的聪明和高级的聪明之分，糊涂也有低级的糊涂与高级的糊涂之别。

所谓顶级的聪明就是“糊涂透顶”的聪明，老子称之为“大智若愚”，即“真人不露相”。所谓初级的聪明就是表面化的聪明，荀子谓之“蔽于一曲，暗于大理”，即“浮精”。

所谓顶级的糊涂就是“聪明绝顶”的糊涂，孟子称之为“隐而不发”，即“面带朱相，心中嘹亮”。所谓低级的糊涂，就是从里到外的糊涂，俗称“木头脑袋”、“不开窍”，即根本的糊涂。

在这里，特别要引为警戒的是，从来就没有聪明过的人，千万不要侈谈糊涂，更不要去追求糊涂。正如常言所说：亡国之臣不敢言智，败军之将不敢言勇。没有达到真聪明，还未摆脱低级糊涂的人，贸然地去仿效“聪明的糊涂”，那就真要糊涂到底、一塌糊涂了。

不懂糊涂之奥妙的聪明，处处锋芒毕露，像无制动器的火车，极易肇事。通晓糊涂之奥妙的聪明，正如火车装上了制动器，可以安全可靠地向目的地进发。

不知糊涂之奥妙的聪明，固执死理，不通人情，像书呆子一样经常碰壁。

掌握糊涂之奥妙的聪明，能“合乎天理，顺乎人情”，是真正的明智者，处处受到欢迎。

“糊涂”是升华之后的聪明，是一种明哲保身的策略，如果你能学会这种“糊涂”之道，那么你的人生一定会更顺遂。

4. 聪明的女人要口下留情

在待人处事中，四十岁女人最容易犯的一个错误就是随意指责别人，这也许是由于年轻气盛，也许是由于对自己的绝对自信。但不管怎样还是要提醒你，指责是对别人自尊心的一种伤害，是很难让人原谅的错误，如果你不想让身边有太多的敌人，那就请口下留情，别总去指责别人。

人的本性就是这样，无论他做的有多么不对，他都宁愿自责而不希望别人去指责他。别人是这样，我们也是这样。在你想要指责别人的时候，你得记住，指责就像放出的信鸽一样，它总要飞回来的。因此，指责不仅会使你得罪了对方，而且也使得他必须要在一定的时候来指责你。即使是对下属的失职，指责也是徒劳无益的。如果你只是想要发泄自己的不满，那么你得想想，这种不满不仅不会为对方所接受，而且就此树了一个敌；如果你是为了纠正对方的错误，那为什么不去诚恳地帮助他分析原因呢？

手段应当为目的服务，只有怀有不良的动机，才会采用不良的手段。许多成功者的秘密就只在于他们从不指责别人，从不说别人的坏话。面对可以指责的事情，你完全可以这样说："发生这种情况真遗憾，不过我相信你肯定不是故意这么做的，为了防止今后再有此类事情发生，我们最好分析一下原因……"这种真心诚意的帮助，远比指责的作用明显而有效。

另外，对于他人明显的谬误，你最好不要直接纠正，否则会好像故意要显得你高明，因而又伤了别人的自尊心。在生活中一定得牢记，如果是非原则之争，要多给对方以取胜的机会，这样不仅可以避免树敌，而且也许已使对方的某种“报复”心理得到了满足，于己也没有什么损失。口头上的牺牲有什么要紧，何必为此结怨伤人？对于原则性的错误，你也得尽量含蓄地进行示意。既然你原意是为了让对方接受你的意见，何必以伤人的举动来凸显自己。

微笑、眼色、语调、手势都能表达你的意见，惟独不要直接说“你说得不对”、“你错了”等等，因为这等于在告诉并要求对方承认：“我比你高明，我一说你就能改变你自己的观点”，而这实际上是一种挑衅。商量的口吻、请教的诚意、轻松的幽默、会意的眼神，定会使对方心服地改变自己的失误，与此同时，你也不会树敌。要知道，只有很少一部分人的思想是符合逻辑的，大多数人生来就具有偏见、嫉妒、贪婪和高傲等心理，人们一般都不愿改变自己的意愿。他们若有错误，往往情愿自己改变。如果别人策略地加以指出，则其也会欣然接受并为自己的坦率和求实精神而自豪。

假如由于你的过失而伤害了别人，你得及时向人道歉，这样的举动可以化敌为友，彻底消除对方的敌意。说不定你们今后会相处得更好。既然得罪了别人，当时你自己一定得到了某种“发泄”，与其待别人的“回泄”自来，不知何时飞出一支暗箭，远不如主动上前致意，以便尽释前嫌，演绎流传千古的“将相和”。

为了避免树敌，还有一点需要特别注意，这就是与人争吵时不要非争上风不可。请相信这一点，争吵中没有胜利者。即使你口头胜利，但与此同时，你又树了一个对你心怀怨恨的敌人。争吵总有一定原因，总为一定的目的。如果你真想使问题得到解决，就绝不要采用争吵的方式。争吵除会使人结怨树敌，在公众面前破坏自己温文尔雅的形象外，没有丝毫的作用。如果只是日常生活中观点不同而引致的争论，就更应避免争个高低。如果你一面公开提出自己的主张，一面又对所有不同的意见进行抨击，那可是太不明智了，致使自己孤立和就此停步不前。如果你经常如此，那么你的意见再也不会引起别人的注意。你不在场时别人会比你在场时更高兴。你知道的这么多，谁也不能反驳你，人们也就不再反驳你，从此再没有人跟你辩论，而你所懂得的东西也就不过如此，再难从与人交往中得到丝毫的补充。因为辩论而伤害别人的自尊心、结怨于人，既不利己，还有碍于人而使自己树敌，这实在不是聪明的做法。

“多个朋友多条路，多个仇人多堵墙”，生活中你要注意尽量避免树敌，更不要做因指责别人而得罪人的蠢事。

5. 种一分善因，多一分收获

四十岁的女人应该多学着去帮助别人，有时候帮助别人是在做长期投资，在竞争日益激烈的社会里，多种下一分善因，你也就会多一分收获。

《圣经》上说："助人就是助己。"请相信这一点，这样做了，你就会体会到它的妙处。

有一对中年夫妇，原本在同一个工厂上班，几年前，由于经济不景气，工厂面临倒闭，两个人先后下岗了。好在夫妇俩平时待人就好，在街坊邻居中极有人缘，下岗不久，便在朋友们的帮助下，在小镇的商业街开起了一家火锅店。

火锅店刚开张时，生意较为冷清，全靠朋友和街坊邻居们关照，后来，由于夫妇二人的忠厚老实，又热情公道，小店渐渐开始有了回头客，生意也一天一天地好了起来。

也许是女主人慈悲善良的原故，几乎每到吃饭的时间，小镇上行乞的七八个大小乞丐都会相继光顾这里。食客们常对主人说："快把他们轰出去罢，这些都是填不满的'坑'！"这时女店主也总是笑笑回应说："算了吧，谁还没个难处，再者你看他们风餐露宿的，也很不容易啊！"

人们常说，这两口子太善良了，从未见过小镇里其他店主能够像他们那样宽容平和地对待这些乞丐。若是其他店主，一见到乞丐上门，就会扯下原本微笑的脸来，严厉地喝斥辱骂。而这夫妇俩则每次都会微笑着给这些肮脏邋遢，令人厌恶的乞丐高举到面前来的盆盆罐罐里盛满热饭热菜，而且这些施舍又多是从厨房里取出来的新鲜饭菜。更让人感动的是，在他们施舍的过程中，没有丝毫的做作之态。他们的表情和神态十分亲和自然，就像他们所做的一切原本就是一件分内的事情似的。

一天深夜，服装市场里一家从事丝绸生意的店铺，由于打更老人早早睡去而忘记将烧水的煤炉熄灭，结果引发了一场大火。市场里所有的物品几乎都是易燃的，加之火借风势，眨眼的工夫整个市场便成了一片火海。

这一天，恰巧男主人出去进货，店里只留下女人照看。一无力气二无帮手的女店主，眼看辛苦张罗起来的火锅店就要被熊熊大火所吞没，心急火燎。这时，只见那班平常天天上门乞讨的乞丐，不知从哪里钻了出来，在老乞丐的率领下，他们冒着生命危险将一个个笨重的液化气罐马不停蹄地搬运到了安全地段。紧接着，他们又冲进马上要被大火包围的店内，将那些易燃物品也全都搬了出来。消防车很快开来了，火锅店由于抢救及时，虽然也遭受了一点小小的损失，但最终给保住了。而周围的那些店铺，却因为得不到及时的救助，早已变成了一片废墟。

火灾过后，人们都说是夫妇俩平时的善行得到了回报，要是没有这些平时受他们施舍的乞丐们出力，火锅店恐怕要变废墟了。

佛教讲究善恶轮回因果报应，其实拿到现实生活中来，这种佛语所谓的“因果报应”只不过是心存感激的受惠者对施惠者的一种报答而已。

而从另一个角度来讲，助人的同时，也可以培养自己的实力。正如人们常说的：“帮助别人往上爬的人，一定会爬得更高。”

美国的一个州，每年都举办玉米品种大赛。有一个农夫的成绩相当优异，经常是首奖及优等奖的得主。他在得奖之后，总会毫不吝惜地将得奖的种子分送给街坊邻居。

有一位邻居很诧异地问他：“你的奖项得来不易，每季都看到你投入大量的时间和精力来做品种改良，为什么还这么慷慨地将种子送给我们呢？难道你不怕我们的玉米品种超越你的吗？”

这位农夫回答："我将种子分送给大家，帮助大家，其实也就是帮助我自己！"

原来，这位农夫所居住的城镇是典型的农村形态，家家户户的田地都毗邻相连。农夫将得奖的种子分送给邻居，邻居们就能改良他们玉米的品种，也可以避免风在传播花粉的过程中，将邻近的较差的品种转而传给自己，这位农夫才能够专心致力于品种的改良。相反地，若农夫将得奖的种子私藏，则邻居们在玉米品种的改良方面势必无法跟上，风就容易将那些较差的品种传给自己，他反而必须在防范外来花粉方面大费周折而疲于奔命。

就某方面来看，这位农夫和他的邻居们是处于互相竞争的态势，然而在另一方面，双方却又处于微妙的合作状态。事实上，在当今世界，如此既竞争又合作的关系日益明显。

所以，日本公司在研发技术上，曾发展出不同层次间既竞争又合作的关系。因为基础科学的研究费用庞大，非一家公司所能单独负担，所以采取"基础合作，应用竞争"的模式，许多大厂合作开发某项技术，再站在共同的基础上相互竞逐产品的研发速率及成绩。如此一来，对大家都是利大于弊。今天，许多企业为了降低单独投资的风险，或是为了强化市场竞争的资本，纷纷寻求同行之间的相互支援，打破了过去"汉贼不两立"的游戏规则。而这一切说白了，就是我们企业现在所常讲的"双赢"或"多赢"原则。

"赠人玫瑰，手有余香"，付出总会获得一定的报偿，一心只顾着自己却不肯帮助别人的人在社会上很难立足，因为没有众人的支持与帮助他就很难成就自己的事业。

6. 通达的女人不会刻意表现自己

四十岁的女人信仰的是强者之美，认为做人就该多想着自己，多表现自己，至于别人怎么看自己才不在乎呢。然而这种为人处世的方法是存在很大问题的，一个不顾及别人的人也难获得别人的认可。

有的人说话，不顾及别人的态度与想法，只是一个人滔滔不绝，说个没完没了，讲到高兴之处，更是眉飞色舞，你一插嘴，立刻就会被打断。这样的人，还是大有人在的。李晓就是这样一个人，只要她一打开话匣子，就很难止住。跟他在一起，你就要不情愿地当个听众。她甚至可以从上午讲到下午，连一句重复的话都没有，真不知道他的话都是从哪来的。每次他找人闲聊，大家都躲的远远的，因为和她在一起实在没劲。

人与人交往，重要的是双方的沟通和交流。在整个谈话过程中，若只有一个人在说，就不容易与对方产生共鸣，这样就达不到沟通和交流的效果。就是说，交谈中要给他人说话的机会，一味地唠叨不停就会使人不愿意与你交谈。

每个人对事物的看法各不相同，如果你在与他人交往的过程中，把自己的观点强加给别人，就会引起他人的不满。其实，每个人由于生活经历不同，对事物的认识也会不尽相同，各持己见也是正常的现象。但是当他人提出不同意见时，就断然否定，把自己的观点强加给别人，这样必定会给人留下狭隘偏激的印象，使交谈无法进行下去，甚至不欢而散。当你与他人交谈时，应该顾及对方的感受，以宽容为怀，即使他人的观点不正确，也要坚持与对方共同探讨下去。

林枫是某大学外国语学院的学生会会长，一表人才，能言善辩，口才极佳。但他有一个特点，凡事争强好胜，常因为一些问题的看法与别人争得面红耳赤，非得争个输赢出来才肯罢休。他总认为自己说的话有道理，别人说的话没道理。别人的看法和观点，常常被他驳得一无是处。大家讨论什么问题时，只要他在场，就会疾言厉色，一会儿反驳这个，一会儿又批评那个，好像只有他一个人是正确的，别人都不如他。如果不把死的说活，活的说成仙，他就不会善罢甘休。他就这样，常常会把气氛弄得很紧张，最后大家只好不欢而散。

还有的人，十分热衷于突出自己，与他人交往时，总爱谈一些自己感到荣耀的事情，而不在意对方的感受。四十岁的A女士就是这样一个人，不论谁到她家去，椅子还没有坐热，她就把家里值得炫耀的事情一件一件地向人说，说话的表情还是一副十分得意的样子。一位老同学的丈夫下岗了，经济上有点紧张，她知道了，非但没有安慰人家，反而对这位同学说："我家那口子每月工资6000元，我们家花也花不完。"丈夫给她买了一件漂亮的衣服，因为很值钱，她就跑到人家那里去炫耀："这是我丈夫在香港给我买的衣服，猜一猜多少钱？1800元。"说完她做出一副很得意的表情，意思是："怎么样，买不起吧。"

表现自己，虽然说是人的共同心理，但也要注意尺度与分寸。如果只是一味热衷于表现自己，轻视他人，对他人不屑一顾，这样很容易给人造成自吹自擂的不良印象。

一个人在与别人相处和交往的时候，要多注意别人的心理感受。只有抓住了别人的心理，才能真正赢得别人的赞赏与好感。如果你只知道表现自己，抢着出风头而不给别人表现的机会，你就会遭到别人的怨恨，使自己陷入尴尬境地。

7. 以尊重搭起友谊的桥梁

有人说，女人之间没有真正的友谊，这话有些偏激，但也反映出好计较容易对友谊构成伤害这个事实。

朋友之间的交流，一定要建立在相互尊重的基础上，朋友之间再亲密，也不能表现得放肆，只有以尊重架通的友谊桥梁才能长存，对于女人来说更是如此。

古代有一个国王，为了打败敌国的军队，就求助于一个巫婆，巫婆答应帮助国王，条件是：她要嫁给这个国王的儿子——一个英俊的王子。这个巫婆又老又丑，还驼背，满嘴脏话，让人感觉非常恶心，但是年轻的王子为了国家的利益党政军是答应了这个条件。

一个风和日丽的白天，他们的婚礼举行了，巫婆恶心的外表和没有教养的举止谈吐令所有的宾客感到不舒服……但是王子却没有一点厌恶之意，他对巫婆说："我遵守我的诺言，同时我也尊重你的习惯。"巫婆很高兴……到了晚上，这位王子进入他们的卧室，他看见了一个温柔而非常漂亮的女子，原来这就是巫婆的原型，她说："由于你尊重我的感受，所以我决定也尊重你的感受，我会有一半的时间恢复我的原型，但是你希望是白天恢复还是晚上恢复呢？"王子非常苦恼，他希望白天陪在他身边的是这样一个温文尔雅的女子，这样所有的宾客们就不会感到难受了，但是晚上他希望是这样一个容貌佳丽的女子……于是他说："无论你选择什么时候变回你的原型，我都尊重你的选择。"巫婆回答："既然这样，我决定从今以后都用这样美丽的一面去面对你和别人，无论白天和黑夜，因为你尊重我的感受，我也将尊重你的感受……”

如果想要得到别人的尊重，首先必须做到尊重别人。想要别人怎样对待你，你就必须怎样对待别人。

我们对人的尊重往往是从自己的角度出发，初衷固然好但却不纯正。抱着对弱者的同情，尊重常常就会成为施舍。大家都可以感受到，有的时候好心是不容易被对方接受的，甚至还会在无形之中刺伤别人的自尊心。尊重别人就是尊重自己，只有自己尊重别人，才有可能得到别人对自己的尊重。

对别人的尊重尤其体现在小事上，不要做得太过分。你心里想着别人，但又不能让人感觉不舒服，最好是在不知不觉中，那样尊重别人才有意义。尊重对方又让别人感觉到非常的自然，这样并不是欺骗对方，譬如你出差了，给同事朋友带一件纪念品，即使这件礼物值不了多少钱，他们仍然会非常的高兴，这说明，虽然你人在外面，但仍惦记着他们。尊重别人并不在于走形式走过场，只要细微处以诚相待就是尊重。

尊重朋友还要注意不能伤害朋友的自尊心。有时候，一个人若破了点财，丢失了一些金钱，尚还无关紧要，而一旦她的自尊心受到了严重的挫伤，则无法预测她的行为了。金钱上的损失犹可补偿，而心灵受到的伤害，并不是一朝一夕就可痊愈的。或许，当你说出了一句话，本身并没有存心伤人的意思，但是这句话在别人听来，是那样的刺耳。所谓“言者无心，听者有意”，说不定因为随口的一句话你会为自己树立一个敌人，与亲密的朋友分道扬镳。

四十岁的陈女士是一个热情开朗的人，很爱开玩笑。可是有一次一句玩笑话却惹恼了一位相交十年的朋友。那一天，陈女士与好友蔡女士一起逛街，在商场里，家境不富裕、一向节俭的蔡女士这次却相中了一件六百多元的毛衫。看着蔡女士想买又舍不得钱的样子，陈女士半开玩笑、半认真地说了一句："看中了就买吧！下半个月要是过不下去了我接济你！"这句话一出口，就见一向好脾气的蔡女士忽然涨红了脸，愤怒地将毛衫塞给一旁的导购小姐："开票！我家是没你家那么有钱，但一件毛衫我还买得起！！"当天两人不欢而散。

这个小故事说明，朋友的自尊心伤害不得，没有尊重就没有友谊，而要做到重视友人的自尊心，必须先抑制自己的好胜心。在大庭广众之下，如果神吹大侃、旁若无人地使自己出尽风头，一味地过瘾，不仅得不到友情，反而伤了友人的自尊心。

尊重朋友是沟通心灵的一把钥匙；尊重朋友，是维护良好人际关系的一条纽带；尊重朋友，方能获得朋友的理解和信任；尊重朋友，对他人、对自己都是一种无价的财富；尊重朋友，是必不可少的人格素质；尊重朋友，等于尊重自己。

8. 付出是最珍贵的情感储蓄

对朋友的付出其实是在做情感储蓄，也许你一辈子都不会动用它，但它却会使你的内心感到难以言喻的快乐和满足，同时也可以加深彼此的情谊。

友情的基础是互惠。商人之间友情的基础，是利益上的互惠；挚友之间友情的基础，是心灵上的互惠。而在我们的生活中，有的人却错误地认为把友情的基础建立在利益的互惠上，这样的人交友的目的是在于对方能有什么利用价值，与之交往会给自己带来什么好处。当对方能满足自己的要求、为自己提供便利时，便形影难离，仿佛情深义重，而一旦对方没有了利用价值，或者遇到麻烦，便推诿责任，退避三舍，甚至落井下石。这实在是一种自以为聪明的愚蠢。这样做的结果，无疑在向别人表明：你是多么的无情无义，又是多么的无耻。以后当别人与你交往时，必然会小心提防，以免你故伎重演。

在人际关系中，很多东西都彼此联系、互相依存。人与人之间不免有些明争暗斗，有些摩擦，这一切都来源于是吃亏还是占便宜，一切又都结束于是吃亏还是占便宜。吃亏怎样？占便宜又怎样？吃亏了，既获得心灵的平静，又可获得道义上的支持。一旦对方醒悟，你的我的自然一清二楚。相反，占便宜的人，心理上永无宁日，让天下人耻笑。别人的钱财你占有，是何滋味？明白了个中道理，吃亏、占便宜的利弊也就分得很清楚了。

爱因斯坦说："世间最美的东西，莫过于有几个头脑和心地都很正直且严正的朋友。"真正的朋友把友谊之情永恒为知心的倾诉，敞扉的宣泄，温暖的安慰，愉悦的同享，希望的共勉，疑虑的消解和劝告的真诚。我们实在需要太多太多的真正友情，只有真正的朋友才能给予我们以情感的寄托。

我们给予朋友的，必须是友爱。我们对给予的结果必须负起责任，同时又要尊重对方的种种情况。如果我们给予的方式，在有意无意中伤害到对方的自尊心，给予就丧失了它的意义，自己得到的回应，也必然不愉快。比如，长辈为了晚辈好，才指出晚辈的错误，但如果过分，就会变为辱骂，结果得到的是敌意和反抗。朋友、同事也常因过激的言辞带来怒目相向，从而破坏了和谐的关系。

给予是没有条件的，有条件的给予就会变得丑态百出。为了讨好别人而露出笑容，虽然你也在表达亲切，但因为缺乏真诚，而变得生硬、勉强，令人厌恶。同样地，心中有所要求，才给予对方好处，对于真正的友谊没有实质益处。因为它可能带来更多的渴求，变成贪婪的操纵。

无论给予的内容是什么，不外乎使用语言、姿势、表情和行动做手段。给予的行为态度，会影响给予的内容和品质。古人说，不食嗟来之食；不礼貌、不尊重的赏赐，对方即使接受，也不会感激。要注意平常的言行态度，因为它也是我们给予的一部分。

（1）主动问一声："需要我帮忙吗？"

当一些同事或朋友，在工作和生活中遭遇困难的时候，千万不要袖手旁观，主动上前问一声："需要我帮忙吗？"然后，力所能及地帮助朋友。在有些时候，你只是付出一句问候的话，也会令对方感动和信心倍增。

（2）多赞美朋友

积极发现朋友的优点和长处，及时加以赞扬，这是一个崭新人际关系的开始。赞扬的要领是心里想到时就马上说出口，也就是要及时。你不必担心自己的赞扬会被朋友看成嘴甜、讨好朋友。

当然，你也没有必要强迫自己赞扬朋友。这里需要你发自内心地赞扬，真诚地表白，让对方知道你此时的心情。当你学会真诚而坦率地赞扬朋友的时候，你就会建立起和谐融洽的人际关系。

（3）在交往中要知道别人的需求

对朋友真诚地感兴趣，要留意朋友的需要，是物质上的还是精神上的？这样，在你方便的时候，可以帮对方一点小忙。只要他感受到了你的热心，在你遇到困难时，他就会帮助你排忧解难。

你不妨记住这么一句话："你给别人需要的，他们也会给予你所需要的。"如果你没有付出了解的心，你就甭想跟朋友愉快相处，无法跟朋友正常进行沟通，工作进展可能会变得缓慢。另外，你也无法和周围的人发展更深刻、更亲切的人际关系。

总之，愿意为朋友付出时间和心力的人，一定会赢得朋友的尊重和信任，记住，当你向朋友付出的时候，不仅仅是帮助了朋友，同时也会提升你的生命价值。

第六章　正面看孩子：做个“懂事”的好妈妈

父母常常抱怨孩子不懂事，但是大人们就真的“懂事”吗？四十岁的女人的孩子大的已经十五六岁，小的一般也在十岁左右，都已经不再完全任你摆布，这时你会发觉母子（女）之间不再那么亲密无间。从自己身上找找原因，多从正面去看待孩子，争取成为一个“懂事”的好妈妈，这是一个四十岁女人应该履行的责任。

1. 伟大的母爱是孩子成长最肥沃的土壤

孩子是婚姻生活最重要、最直接的成果，可以说孩子的缺陷就是婚姻的缺陷，一个缺乏母爱的孩子带给婚姻的只能是阴影和悲哀。母爱是世界上最无私、最高尚的爱。一个孩子拥有了这样的爱将是他这辈子最大的福分，也是一个母亲在婚姻生活中最基本的责任。

伦敦大学心理学家多萝西·埃诺博士，谈到那些渴望成功并取得成功的人们时说："母亲那种献身精神、那种专注，灌输给一个男孩的是伟大的自尊，那些从小拥有这种自尊的人将永远不会放弃，而是发展成自信的成年人。你有了这种信心，如果再勤奋就可以成功。"英国皇家医院心理学家悉尼·克朗认为，确保一个孩子健康、幸福成长的最佳之路仍然是传统之路——一个父母相亲相爱的稳定家庭。

美国前总统克林顿、英国前首相希思、英国歌唱家埃尔顿·约翰、电影演员史泰龙、国际象棋大师加里·卡斯帕罗夫……他们在各自的领域里并非都是最聪明、最富创造性或最佳之人，但他们有一个共同点，即是母亲帮助他们树立雄心壮志，并为他们的成功倾注了全部精力。

国际象棋大师加里·卡斯帕罗夫，在22岁时成为世界上最年轻的国际象棋冠军，是国际象棋史上的奇才。卡斯帕罗夫能讲15国语言，是一位有造诣的数学家、计算机专家、纽约华尔街杂志的定期撰稿人。卡斯帕罗夫7岁时父亲不幸去世，自那以后，他的母亲克拉拉成了他前进的指导力量。在他的自传《变化的童年》中，卡斯帕罗夫把童年对象棋的兴趣归结于观看母亲下棋。是母亲鼓励他树立强烈的自我，这对他走向国际象棋世界级大师起了关键作用。卡斯帕罗夫的密友、英国国际象棋大师雷蒙德·基恩说：“每一场比赛他的母亲总要到场，在隐蔽的地方，因为她是他的侍从副官、他的参谋长。他依赖她的出现，他需要知道她在哪里。”另一位国际象棋大师回忆起一盘家庭录像带，上面记录了卡斯帕罗夫20多岁时的情况。他说，录像上拍摄了他在游泳池里游了许多个来回后从水中上来的情景：他的母亲赶忙走上前去为他裹了一条大浴巾。许多20多岁的青年对母亲对他们这样的挚爱会感到不好意思，但卡斯帕罗夫感到十分自然。

美国前总统克林顿也是母亲培养出来的一位成功者。在克林顿来到人间前3个月，他的父亲去世了。克林顿的母亲弗吉尼娅是上夜校成为一名护士的，她下决心要使儿子不但有个好职业，而且要上升得很快。她一心扑在儿子身上，让克林顿住大房间，在他3岁时就开始教他读写。克林顿上小学时，弗吉尼娅每天接送他上学，为此克林顿被同学们讥笑为“胆小鬼”。上高中时，克林顿是同学中第一个拥有汽车的学生，是他母亲从小给他存钱买的。后来克林顿到牛津上学时，弗吉尼娅要求他每星期给她写一封信，并审查他结交的新朋友，叮嘱克林顿“永不停止学习，永远不要说‘我做不到’”。

英国前首相希思是由劳动阶级家庭成为保守党首相的第一人。希思回忆个人的成长史时说，是母亲伊迪丝向他灌输了信念——只要努力就能成功。伊迪丝是一个贵夫人的女佣，后来和一个木匠结了婚。她深信，她的儿子将来一定能解决当时流行的阶级成见，出人头地。希思83岁时仍然对50年前逝世的母亲十分怀念。他深情地说：“当母亲逝世时，我心力交瘁，简直要垮掉，我几乎不知道如何生活下去。”

“子不教，父之过”，这是中华民族数千年的古训。然而近代教育学研究得出的结论却是：“母亲对儿童智商及后天智力开发的影响大于父亲。”

据介绍，在影响儿童智商的遗传与后天智力开发与环境两个方面，中外专家得出基本一致的结论：即遗传因素占61%，后天智力开发与环境因素占39%。父母与子女智商相关系数都很大。相关领域的专家们在进一步研究中发现，在遗传方面，对中国儿童智商的影响，母亲方面与父亲方面占比约为5∶4。

那么，母亲对孩子，尤其是婴幼儿阶段孩子的智力影响具体是怎样的呢？婴儿啼哭时，被母亲抱起，即使没有吃奶，哭声也会立即停止，并表现出安详的面容，这说明婴儿对母亲的依赖是十分明显的。孩子在1～2岁时，虽然已经会一个人玩，但母亲不在身边时，他们就会感到不安，玩的兴趣立即减少。孩子在母亲面前可以任意撒娇，但在别人面前就没有那样随便和自然。母亲怀抱婴儿，用手轻轻抚摸，婴儿会流露出欢喜的表情。幼儿3～4岁时已经学会了自己走路和自己动手做各种各样的事，但在母亲身边会表现得更活泼些。比如母亲坐在某一个地方，孩子可以在周围任意地玩耍，如果母亲走远些，小孩会经常回来看母亲在不在原地，如果不在就会哭叫，这是一种失落感和不安全感。在母亲身边的孩子总是无忧无虑、无拘无束、活泼自然。孩子对母亲的依赖和在母亲身边的自由自在，使孩子感到无比幸福，这对孩子早期的精神智力发育肯定具有重要作用。有人研究观察孤儿院的儿童，即便得到同样的营养护理，他们的生理活动和智力发育比由亲生父母养育的儿童迟缓，其关键在于缺乏母爱。如果把智力落后的儿童早年从孤儿院送到充满情感和知识刺激的地方，他们的智力水平就会很快提高。

总之，无论经济条件多么好，是否有专人照顾小孩，这都不能代替母亲对孩子的影响。如果母亲工作忙，经济条件好，在小孩出生后就将孩子完全交给保姆，与孩子长期分开，孩子长期体验不到母爱，将会影响小孩的智力发育。因此母亲再忙，经济条件再好，也应尽量抽出时间关心和爱护小孩，经常和小孩一起玩耍，让孩子从中得到快乐，学到知识，这将对儿童的智力发育有明显的促进作用。

对孩子来说，“天下的妈妈都是一样的”，而天下做母亲的方式却是千差万别。

让我们再看一个成功的母亲的教育案例：

在北京一家公司工作的宋女士，有一个7岁的儿子，3年前，她的丈夫因病故去，对她和孩子都是一个很大的打击。不完整的家庭使她在教育孩子方面也面临重新调整自己的任务。“我记得有一件事，对我触动很大。我常念报纸给孩子听，有一次读到一个失去父亲的中学生生活困难的报道。儿子说：‘妈妈，咱们给他送点钱吧。’我说可以，就到那个学校去了。但是见了那个孩子，我觉得很失望。他学习成绩很好，但非常孤僻，对人很冷淡，不知道怎么与人交往，我感觉他发展得很偏。我的孩子也没有父亲，我不希望他向这个方向发展。所以我从各方面锻炼他，让他懂得关心别人，知道与人交往的规则，有独立意识，做一个有用的人。人们说‘望子成龙’，我也这样想过，但不强求。成才就行，一定要做个有用的人。现在的孩子在学习方面抓得都比较紧，但是忽略了适应社会的问题，将来走出校门他们是不是有很强的生存能力，我觉得这是很重要的。”

什么样的母亲才算现代意义上“合格的母亲”呢？

首先，要站在孩子的立场上，理解孩子，做一位开明的母亲。当孩子遇到问题时，应该让他自己去解决自己的问题；

其次，有意识地让孩子了解母亲的弱点，彼此平等相待，保持比较自然的母子（或母女）关系，当母亲出错时也能得到子女的谅解，并应勇于向孩子认错；

第三，孩子一天天在长大，总有一天要飞走，我们对感情上的“空巢期”要做好心理准备。空巢期引起的家庭秩序的混乱、精神上的困惑甚至不亚于更年期。母亲在为孩子付出的同时也要保持自己的个性，这一点也很重要。

最近，台湾的一个妇女组织提出了“学习妈妈”的概念，探讨现在的母亲如何跟上时代，让生活更丰富、更有品位的问题，同时还提出了“妇女十大生活指标”，供母亲们自我检测是否够格做“学习妈妈”。这十大指标是：

①每天看报纸；

②每天运动30分钟；

③每周阅读一本书；

④积极参与社区活动及社会团体；

⑤每月参与知识性讲座；

⑥每天至少说一句赞美家人的话；

⑦喜欢书写表达意见；

⑧选择知识性的电视节目；

⑨主动参与各项成长的课程；

⑩学习上网查询及阅读资料。

做母亲是每一个女性最基本的权利，但做一个优秀的母亲则需要下另一番苦功了。因为母爱可以提供给孩子成长所需的最肥沃的土壤。无论对于婚姻还是你自己这都是一种责任。你没有任何理由逃避，惟一的选择就是以爱的名义把母亲这个角色扮演好。

2. 不要低估男人对孩子的影响

中国几千年来“男主外，女主内”的婚姻生活格局，使大部分女人片面地以为教育孩子是自己不可推卸的责任，而男人似乎就可以优哉游哉地在一旁看热闹。但是据权威人士研究证明，孩子的健康成长环境离不开男人的身影，父亲不能老是游离在孩子的视线之外，这样天长日久，对孩子的身心发育极为不利。

据报道，广东省青少年研究所曾经对700多名有犯罪行为的未成年人进行调查，在问及“你在被管教期间最想念的人是谁”时，父亲名列首位，高居70%；问及“生活中对你产生正面影响最大的人是谁”时，父亲再次夺冠，为31.2%，其次是朋友，占20%，母亲只排在第三位，占15.2%。

上海市某小学有个小男孩，平日说话嗲声嗲气，爱与女孩一起玩，大家都觉得他“怪”，不太像小男子汉。后来，他做了有关心理行为测试，证实他的确存在不认同自己性别的不健康心理。更令人惊讶的是，该校209名高年级学生中竟有42人存在这种不良心理倾向，其中除了一名女孩外，41人全为男孩。

事实上，上述现象在小学生中带有一定的普遍性。有位心理学家调查了上海市部分小学五六年级的学生，也发现有13.9%的学生希望自己是异性。

出现上述现象的原因是多方面的，但有一点毋庸置疑，一些家庭中父爱不足，也是导致男孩不像男子汉的重要因素。

所以做妈妈的你应该注意了，切不可低估孩子他爹对孩子的影响，在对待孩子的问题上要尽可能地让他也参与进来，努力营造出一个男女搭配的教育环境，以让孩子的性格心理得到合理的发育，尽量降低由于心理上的缺陷给孩子带来的负面影响。

譬如，为了教育孩子，是严一点还是宽一点，是即刻处理还是冷静下来再说，是启发诱导还是强制灌输等，都应该是夫妻双方共同讨论的话题。

造成夫妻双方教育观点不一的原因是多方面的：一是夫妻双方的父母对自己的养育方式不同，由父母教育方式的影响，自己可能采取相似方式教育子女；二是由于知识经验和阅历的不同，导致双方对该如何教育子女方面观念不同；三是亲子之间性别差异影响，夫妻可能对教育同性别子女有经验而对教育异性子女缺乏深刻认识，可能出现严格要求同性子女而对异性子女不加管教，因而出现双方在教育子女上的分歧。

生活中经常可以看到这样的情景：男人催孩子写作业："天快黑了，还玩，快写作业去！写不完不要吃饭！"见儿子委屈得要哭，妻子心疼儿子，就埋怨男人："看你把孩子吓的！你小时候不也是这样！"听到妈妈为自己鸣不平，孩子便一头扎在妈妈怀里大哭起来。男人狠狠地瞪着妻子："孩子非叫你宠坏不行！"妻子也不甘示弱，冲男人发起脾气来："你根本不像个爸爸，你是不是想把孩子管成书呆子？"结果，夫妻两人就这样当着儿子的面一口骂、一嘴回，吵起架来……

如何避免这种情况呢？首先，夫妻二人都应该打开自己的心胸，放下自己所坚持的意见，去倾听一下对方在说什么，然后再心平气和地去化解彼此的分歧。而不是当着孩子的面各执己见或者争吵不休。要知道，无谓的争吵不仅会伤害夫妻感情，还会对孩子产生不良的影响——

年龄小一点的孩子会有情绪不稳的情况产生，这不可避免地会影响到学习能力和生活习惯的训练；有些孩子则会像墙头草一样无所适从，不知该听爸爸的话，还是该遵守妈妈的规定，或是只好选择听从声音大的人，完全失去了方向；有些孩子会认为爸妈的吵架是因他而起，造成心理负担，影响性格发育；有些孩子会产生内心的焦虑、不安全感，他们害怕看到爸爸妈妈吵架的样子，甚至在心中产生阴影，到成年后也难以抹平，对人的一生都造成消极影响。

其实，夫妻之间没有绝对的对与错，大家都是为了把孩子教育得更好，这又何必起冲突呢？所以，当夫妻双方在教育孩子的问题上意见不一致时，不要当着孩子的面去责备另一方，而应先私下解决冲突，达成共识，协调出双方都满意的教养方法，然后再以一致的态度去面对孩子。

比如，孩子到了睡觉时间仍不肯就寝，这时妈妈可能一直催着孩子去睡觉，但爸爸和他的玩兴正浓，怎么也不肯去睡。这时你就应该和他谈谈，孩子究竟几点睡觉、几点起床、谁陪他玩等问题。在达成共识后，就有了相同的教育态度，这样不但可以避免无谓的冲突，也有利于对教育理念有更深入、更广泛的了解，进而找到对孩子最有利的教育方法。同时，孩子也会觉得这个家庭无比温暖，能给他充足的安全感。

3. 让孩子成为家庭幸福的后续动力

当父母步入中年，今生的格局已定，生活再无什么大起大落，那么孩子便成了父母们后半辈子幸福的原动力。孩子是否能以一个健全、完善的人格立足于社会，将直接关系到以后整个家庭的生活质量，从这一层面上讲，孩子健康的心理素质的培养要比让他们拥有一项具体的职业技巧重要得多。

健康的心理素质是一个人获得成功的关键。如果一个人性格孤僻、怪异、不易合作；自卑、脆弱，不能面对挫折；急躁、固执、自负，情绪不稳定，他智商再高也很难有成就。希望孩子的身心得到健康的发展，这是所有家庭共同的愿望，也是家庭幸福最根本的保障。

因此，作为父母，首先需要懂得对于孩子心理素质的要求和内容，具体包括：具有坚强的自信心和健全统一的人格；独立、自觉获取信息和知识的智能，对周围世界具有强烈的求知欲，有敏锐、深刻的认识能力；具有很强的创新能力，具有很强的适应能力，对环境有机敏、灵活的应变应急能力；善于协调人际关系，能约束自己，对他人理解、尊重、宽容；具有正确的竞争意识，具有耐受挫折、承受失败的良好心理素质；富于合作精神，具有奉献精神和责任感及优良的意志品质。

（1）自信：让孩子身上充满阳光

如果你的孩子在家庭之外的环境里过于害羞、胆怯、内向、安静或过分依赖你或其他什么人，这都说明一个问题，那就是：你的孩子对自己在人群中的受欢迎程度信心不足。如果你的孩子在新的挑战面前总是畏首畏尾，对可能的失败充满畏惧之情，哪怕犯了很小的错误也变得忐忑不安，一到考试的时候就如临战场，这些现象也能说明一个问题，那就是你的孩子对自己的能力和水平没有把握。也就是说，你的孩子可能是在自信心方面出了点儿问题。

常言道，自信是成功的基础。信心就像人的能力催化剂，将人的一切潜能都调动起来，将各部分的功能推动到最佳状态。而高水平的发挥在不断反复的基础上，巩固成为人的本性的一部分，将人的功能提高到一个新的水准。一个人的成长路线如果是沿着这样积极上升式行进，可以想像其积累效果是十分可观的。

为人父母的家长们，要想你的孩子充满自信，就应从家庭开始，从小抓起。

①父母要检查自己的价值观。你是否因为你的孩子没有显示出超人的天赋而暗中失望？你是否因为你的孩子没有别的孩子漂亮而脸上无光？要知道，孩子对自己的评价很大程度上是建立在父母对他们的评价上的，很多孩子知道自己的父母很爱他们，但很少有孩子认为他们与父母是平等的。你的孩子相信你可以为他献出生命，但同时也认为你并不拿他当回事儿。因为当孩子与你的客人攀谈时，你曾打断过他的话，厉声叫他走开。只有让孩子坚信他的父母喜欢他，这个孩子才会有很强的自信心。

②对孩子的期望莫不切实际。作为父母，我们对孩子的期望一定要符合实际，根据孩子的能力、才干和兴趣制定努力的目标。如果我们仅是单纯把自己的希望和理想以及未能实现的抱负一股脑儿地集中到孩子身上，会使孩子不堪重负，会导致孩子产生一种持续的失败感，他会拒绝努力做本来可以做好的事情，更不用说向困难应战了。所以，在孩子的幼年阶段，父母对孩子的期望只能限制在有节制的合理的范围内，给孩子提供发展才能的各种机会，而不是强迫孩子学这学那，更不能要求孩子做他不能

胜任的事情，否则，会对他的自信心造成破坏。

③树立孩子对自己身体的正确评价。作为一个家长对于孩子的相貌、身高、美丑等外形特征进行评价时，您需要让孩子坚信一点：你自己的身体永远是独一无二、最好的。你可采用各种形式来进行：鼓励孩子在镜子前照一照，看看自己的五官长得怎么样、身材如何；启发孩子通过不同的手段，绘出自己的形象，比如躺在地上，请父母帮忙描出身体的轮廓，然后自己进行剪贴，也可自己画自画像；引导孩子对自己的照片、作品进行分类、整理，按日期前后进行排列，或按照内容进行编排，建立一个较为完整的成长档案；把各种折纸作品收集起来装订成册，使孩子能经常翻阅、观赏，为自己的成长感到骄傲和自豪。

④帮助孩子认识自己的长处。有些孩子会唱歌，有些孩子能做模型飞机，有些孩子能独立喂养小动物，还有些孩子踢得一脚好足球。其实干什么并不重要，重要的是培养孩子一种爱好，然后以此来鼓励他，督促他，推动他，让他不停地去学习，发展他的长处。否则最大的悲剧也许会是，你强迫孩子向你认为是最好的方向发展，然而这个方向并不是孩子真正的长处。

⑤让孩子感到自己有用。让孩子感受到自己的所作所为是有价值有意义的，让孩子感受到成就感，这会激发孩子的自信，从而带动他在学习上的热情。倾听孩子的想法和建议，让孩子自己想办法解决面临的问题，这能使孩子感到自己的智能和潜力。有三个不到4岁的小孩抢着一辆小自行车，谁也骑不成。旁边的家长让他们想想看，有什么办法让大家都能骑到。一个小孩想了想说，我们一人骑一会儿，轮流骑。大家采纳了他的建议。这种采纳带给他的高兴和鼓励，恐怕不亚于成人在单位所提的合理化建议被采用。除了采纳孩子的建议外，还可引导孩子做些对家庭、对别人有益的事，哪怕只是让孩子种种花草，买买东西。

⑥赞扬和鼓励。想要让孩子提高自信，父母要经常赞扬孩子，让他

感觉到“我很可爱”、“我有能力”。儿童对自身力量的认识很肤浅、不稳定，他们对自己自身力量的估计和评价依照他人作标准，别人怎样看待孩子，他们就怎样看待自己。周围人的鼓励，特别是他最热爱和崇敬的权威者对他的评价具有决定性的作用。鼓励、赞扬对增强孩子的自信心是很有益的。但须注意得当、得法。过度地或过于轻易地滥用鼓励和赞扬，会使孩子感到你不真诚、对他的期望过低，或不懂得什么才是真正值得赞扬的。最好是对孩子的行为或进步给予及时的、准确的反应，比如对他说：“我看到你已经学会分数的加减了”，“你的那首诗确实写得不错”。这比笼统地说“好极了”，效果会好得多。

⑦不要随意惩罚孩子。打骂会对孩子的心理造成损伤吗？这全在于父母打骂的意图。给固执的孩子一巴掌有时可以奏效，但我们不能因此把自己的烦恼全发泄在孩子的身上，更不能当着其他孩子的面打自己的孩子或嘲笑挖苦他，而且父母要时刻牢记：自己是孩子眼中公正秩序的化身，如果你以很恶劣的态度对待孩子，孩子就会怀疑你是否真的爱他，从而失去自信。

⑧让孩子体验成功。完成某项任务、学会某项技能、取得某种成绩都属此例。这里要注意的是，在激励孩子做某种具有挑战性的事情时，不要只是诱之以物质。最好把他作为已有一定智力和能力的人，以自尊心、荣誉心来激发他。这样才能保持激励的持久和深入。比如让4岁的孩子自己穿裤子，不要说：“你现在自己穿上，下午就给你买雪糕。”而只需说：“我想你已经长大了，能够自己穿上它了。”在这样的提示下，他努力穿好了，就会感到自己确实已长大了，就会在此后每天的努力中巩固这种感觉，从而自信心大增。

⑨留给孩子属于自己的空间。如果你能够给孩子留下充分的属于他自己的时间，对于提高孩子的自信心水平是有很大帮助的。事实证明，孩子和家长关系越密切，那么孩子就越能清楚地体会到他自身的价值。那些信

心处在中等偏下水平的孩子相比那些自信心水平较高的孩子，需要更多属于自己的时间和空间。让孩子有一隅独处的空间，并不意味着父母对孩子的漠视，而是体现了父母对孩子的信任和关爱，因为在那里孩子可以尽情地流露他的兴趣、爱好和真实情感。

（2）创造力：适应未来竞争的独门暗器

爱因斯坦说过：唤起创造性的表现与求知之乐，是为人师者至高无比的秘方，这也是为父母者所需要铭记在心的至理名言。创造性思维能力是创造力的核心，是未来人才的必备素质之一，也是检验孩子智力水平的一个重要依据。

由于孩子成长的阶段性，家长在培养孩子的创造性思维时，一定要根据不同阶段的成长特性，分别加以对待。

孩子在人生成长过程中，除了以上所说的这几个方面，还需要很多东西来填补他们的经验，引导他们提升自我。你应当明白，孩子是决定你婚姻生活是否和谐的重要因素，孩子可以毁掉你的婚姻，这是不争的事实，所以你应当从各个方面给予孩子具体的帮助，帮助越有针对性越好，方法越得当越好。只有这样不断地用心培养，才能使孩子的心理始终处于良好的健康状态，从而让孩子成为你和丈夫幸福婚姻的使者和桥梁。

4. 放开手让孩子自己走

你是希望看到孩子长大后能自己照顾自己，愉快地胜任工作，还是希望看到他惶惶无助、四处寻求施舍呢？如果希望孩子成为前者，那你现在就应该放开手，让孩子自己做事。一个孩子能否成为独立的人，十几岁时的培养非常重要。

陈某带着妻子和孩子去郊游。为了尽兴，陈某特意跟同事借了一个高级相机。一家人玩得非常高兴，黄昏准备回家时，相机里只剩一张胶片了，这时孩子提出要帮爸爸妈妈照一张。陈某犹豫了一下同意了，他把相机的使用方法详细地跟孩子说了一遍，孩子刚举起相机，陈某又不放心地走了过去，帮孩子调好焦距，确定了距离，直到把一切都弄得妥妥帖帖，孩子只要按一下快门就可以了的时候，陈某才放心。这时，孩子的兴奋劲儿全没了，只是站在那里，机械地按了一下快门。

那么，陈某的孩子学会照相了吗？没有！其实孩子之所以要求给父母照相，只不过是想独立地使用一次相机，但陈某的不放心，使孩子的独立尝试落了空，这就是一次不成功的教育。

当你的孩子在自己做一件事时，你应当密切关注其下一步，给他（她）以在独立中成长的机会。你应该以一种积极的、安全的方式满足这种需要。由此，也无需对一些无关紧要的事说得过分清楚明白。

孩子通向独立的下一步努力也许是一件很容易的事，所以，你应该让孩子自己接受其遇到的挑战。

可以这种方式看待你给孩子提供的机会：如果一天早上你醒来非常想去滑雪，你的朋友绝不因为你不会滑雪而泼你冷水，他们会给你指导和忠告，以增加你成功的机会，在你的兴趣减退前，他们会一直教你滑雪。如果你跌倒在地，他们不会将你的滑雪杖拿走，也不会为你造成的混乱而抱怨。相反，他们会教你怎样才显得不笨拙，并鼓励你再试一次，这就是成人之间互相教学的方法和过程。

当你的孩子下次试图干某件事而你认为他（她）做不到时，想想这件事。有时，孩子不会做事的惟一原因就是他（她）根本没有机会去试一试。

牢记这一点，孩子与我们大人一样，也渴望成功。有时这样指点一下是很有帮助的：试试用另一只手托着壶底……把水倒在中间的那个玻璃杯。里……当杯子满了时，赶快停下！

其实孩子可以自己做很多事，不要总在孩子自己干时说“不”，应该为孩子创造自己动手的机会，鼓励他们自己去做。

要多花一些时间。有些事只要做慢一点就能成功。为人父母意味着总是提前5分钟将一切准备好。我们之所以忙忙碌碌，是因为我们经常做一些孩子已经能自己做的事情。

当你的孩子要求自己做某事时，给他们一个机会。当你准备外出时，提前15分钟做准备。给孩子时间，让他们以自己知道的方式去做准备，让他知道你是尊重他的。这些投资在孩子身上的时间当时并没让你得到什么，但你会在以后的日子得到加倍的偿还。

父母应该经常鼓励孩子，即使其独立做的结果远算不上完美。当然，我们要想法鼓励他们做得更好，但要慎重。孩子第一次成功地干一件事时，不要过分苛求。要鼓励他做得更好，就要像对待朋友一样，以同等的和蔼与体贴来对待孩子。

孩子在成长的过程中，做父母的应不断地寻求方法来鼓励孩子自立。

值得强调的是，在帮助孩子自立上的时间投资是很重要的。如果你的孩子在要求自立的敏感期得到鼓励，“让他自己做”，他就会变得比较有能力，比较自信。

“授之以渔而非鱼”，做家长的不能总一口一口地给孩子喂“鱼”，关键是要让孩子自己学会“捕鱼”，这样孩子长大后才能自立。你现在放手，只不过操心一时，如果坚持要牵着孩子走路的话，那你将来恐怕就要操心一世了！

5. 不要限制孩子的个性发展

四十岁左右的女人大都经历过苦日子，对待自己的孩子首先想的是少让孩子受苦。而外国的父母认为有个性的孩子最幸福，于是他们总是依照孩子的性格来培养他们的个性。而中国的父母却恰恰相反，他们都以社会的标准和自己的眼光去评价孩子，父母们制定了一个标准的模具，不管孩子适不适合，都一定要把他们塞进去。于是孩子的独特潜能被扼杀了，做着不符合他们个性的事，既不会快乐，也不会有太大的发展。

就算是兄弟姊妹，接受相同的教育方式，在相同的生活环境下长大，也有个别不同的性格。除了因为每个人的遗传因子有别外，每个孩子在家庭中所占据的地位不同，彼此的心理发展便有差异。

有些父母只知道教导男孩和女孩的方法是有相当程度的差别，却忽略了即使相同性别的孩子，也有各自不同的独特性格。一般男孩子是好动、顽皮、胆大、依赖性强、粗心大意；女孩子则是温柔、文静、胆小、有自制能力、小心眼、善解人意。但那只是男孩和女孩的通性，其间是有个别差异的。如果看到自己的女儿举止豪放、大情大性、不拘小节，与邻家的小女孩相比，就像一个“男人婆”，于是常埋怨女儿举止粗鲁要她改变，并强迫她实践自己定下的淑女标准，这样压制孩子的性格发展，只会带来相反效果。

因此，你不要拘泥于男孩子、女孩子的性别，应该仔细观察孩子个体的特性，注意他在成长过程中潜在性的自我发展，了解孩子的长处和缺点所在，有哪方面的潜能有待通过鼓励使其发挥出来。最重要的还是尊重孩子本身独特个性，给予他发展自我的机会。

家长在教养孩子时，常会不自觉地回味自己的童年生活，并以自己的亲身体会和感觉去教导子女。当然你的经验得失是非常宝贵的，不过，时代进步了，你拥有的知识可能已经落伍，或者加进了世俗功利的想法。如果一味地以自己的标准和眼光去评价孩子，苛求孩子有所表现，只会阻碍他本身的潜能发挥。

尤其是独生子女的父母，由于将全部心血放在孩子身上，常不自觉地以大人的标准来要求他。在这样的督促下，孩子可能在某些才艺方面表现较其他小孩领先，然后家长便以为孩子有这方面的天分而沾沾自喜，不断地督促练习以求有突出的表现。在父母一相情愿的想法下，孩子失去了本身独特的个性。

14岁的陈晓早已是远近闻名的英语小状元，经常参加各种英语竞赛，奖杯、奖状得了一大堆。陈晓的父母也非常以他为荣，家里来了客人，总要把陈晓的奖杯拿出来展示一番。面对众人的赞叹，陈晓却高兴不起来。他说：“英语只是一门工具语言，我没觉得学好英语就有什么了不起的，是爸妈让我学的英语，我不知道除了英语我还会什么！噢，对了，我小时其实很喜欢画画，可妈妈不赞同，她说‘这么多人画画，没见哪个成了毕加索’！妈妈让我好好学英语，长大了当翻译。可我不喜欢英语，我真得一辈子都靠英语活着吗？”

每个孩子都是一个完善的个体，他们的发展是整体性的，在智力、情感、生理、社交等各方面的发展都是密切地相互影响。你应做的就是要正确辅导发展孩子的个性和潜能，要达到此目的，不需要搜肠刮肚地不断为他们安排益智活动或购买昂贵的用具，最大的资源就蕴藏在孩子本身，鼓励孩子发挥原本具有的想像力和创造力，更胜过给他们再多的物质享受。

我们常惊讶于孩子们的丰富想像力。一位心理学家曾说过以下的故事：有一天，他在大学授课时，在黑板上画了一个正方形，问道："这是什么？"大学生答道："一个正方形。"这个答案显然十分清楚。"你们真是令我失望了！"教授说，"我曾和一群小学生玩同样的游戏，他们可以想出几十种不同的答案！叫人惊讶不已！"

这个例子的启示是，不要执著地要求孩子接受自己的一套，那样会失去其他很多可能更适合孩子个性的教育方式。让孩子自由发挥想像力，重视他追求自由的心情，他才能跳出框框，充分发挥自我潜能。

你不但要善于挖掘孩子的个性潜能，还要能按照孩子的个性"因材施教"，指导而不干涉，监督而不控制，这样才能使孩子的个性潜能获得充分的发展。

第七章　照顾好工作：演好属于自己的职业角色

四十岁女人对于工作的口头禅是：也就这样了。升职？不可能；努力？没必要；辞职？不愿意。混日子成了她们中大多数人的工作状态。四十岁的女人必须明白，工作是你人生的一部分，你敷衍工作，人生就会敷衍你。

1. 别让你的工作热情过早湮灭

对于已到“不惑”之年的女人来说，成功最大的障碍就是缺少激情，没有激情，你就很难在工作上积极进取，你就会产生“放弃”，产生“过一天算一天”的想法，这样一来你的事业就会走下坡路。因此，你应该对工作保持恒久的激情，这种工作态度会让你的能力得到更好的发挥，让你的事业更上一层楼。

吕楠在某外资公司一直做了七年，从基层业务员到销售总监，她对公司的贡献有目共睹。然而，到了四十岁后，吕楠却明显地有了种焦虑心理：面对迅速更新的知识和众多后起之秀的挑战，她感到自己真的有些力不从心，她觉得无论是在精力分配和时间的投入上，还是在思维的敏捷性和学习的高效性上，或是在知识的新颖性和适应性上，以及对外界变化的敏感性和快速反应方面，她都不占多少优势了。要停下来歇段时间吗？这些让她很难正确地看待和接纳自己，她并没有意识到，自己实际上是生活在别人的眼光和社会的标准中。

无论是哪种选择，只要是自己真正想要的，都是适合自己的生活方式。重要的是人生及职业方向要明确，只有这样我们才能获得真正的轻松。

（1）正确看待自己

从年龄本身来讲，四十岁对女性的职业发展并不足以构成挑战。而四十岁女性的智力丝毫不逊于年轻的同事。但不管年龄多大，如果你停止了学习，你的智力发展也就停滞不前了。

（2）平衡婚姻、事业

从伴随年龄而来的各种社会责任来看，四十岁的女性确实面临着更多的挑战和压力。相对于年轻女性而言，四十岁的职业女性在家庭和事业之间可能面临着更多的冲突——家庭需要照顾，事业需要投入。所以越来越多的现代职业女性都在努力寻求着事业和家庭的平衡点，希望能够兼顾情感、婚姻、家庭和事业。其实，及早规划自己的生涯发展，合理安排自己的生活节奏，是解决冲突、平衡心态的一个有效方法。

（3）预先做好生涯规划

四十岁的女性面对来自职业和家庭的双重压力，时常会经受双重角色的强烈冲突。譬如，已经到了不得不考虑要孩子的年龄，然而生孩子却意味着你要跟自己的工作、自己的社会角色脱离一段时间，意味着你的发展会停滞一段时间，等你生完孩子回来之后，你可能不再适应自己的工作或者你的位置已经被取代，你的提升可能会延误甚至错过时机，你的老板可能不再欣赏你等等，这种情况下，你到底是“生”还是“升”呢？

你是家中的顶梁柱，需要将更多的精力投注在家庭生活上，而你自己的工作责任和压力也很大，常常需要额外加班。作为既重感情又重事业的现代女性，你感到要兼顾家庭和事业真的好难也好累。类似的问题可能经常发生，你身陷其中，似乎无法看到出路。但是，如果你能够及早规划自己的人生，合理安排自己的生活及职业节奏，那问题会好解决得多。

制定个人的生活和职业发展规划，应该将影响自己的方方面面的因素都尽可能考虑在内。首先，你要分析自己的现状，确定自己在哪里，自己拥有哪些资源；然后，你要确定自己的人生目标，包括事业的、婚姻的、家庭的……在这个过程中，因为你并不是个人在生活，而且你的决定可能会对你的家庭产生重大影响，所以你必须与家庭成员进行充分的沟通，使大家尽量能够达成一致，获取家人的谅解和支持。

确定目标后，你还必须制定出达到目标的时间表和优先顺序，并协调某些目标可能的冲突。

最后，你要找出目标和现状之间的差距，找出可行的解决办法。比如希望能在四十岁之前成为专业领域内的技术专家，同时你的生活目标是做个好妻子、好母亲。但现实的情况是家庭需要你投入更多的精力，使你无法腾出更多的时间谋求专业上的提升。为了解决这个矛盾，你可以寻求父母的帮助，或请保姆来帮助你减轻生活负担，将节省下来的时间用于工作和学习，同时安排适当的时机与家人相聚。当然，遇到实际问题时这样解决还是有点难度的，但你也可以寻求专业的职业咨询机构来帮助你。

另外，在生活中你也应该表现得更积极一点，让自己轻松快乐地过好每一天，这样做也是很有道理的，因为你只有更加热爱生活，才会更加渴望成功，你的生活态度会直接影响到你的工作态度。

2. 你仍有不断进步的空间

四十岁的你越来越“精明”了，你学会把复杂的工作推给新进的员工，自己只做简单顺手的，这实在不是什么好习惯，老话说的好啊：容易走的都是下坡路。

四十岁的人必须忠实地完成公司委托给自己的任务，切忌挑肥拣瘦。对很多人来说，有许多工作并不是自己喜欢的，也有很多工作并不适合自己的性格。

不过，这个时期与三十岁所做的工作还是有所区别的。当你在三十岁时，自己只是公司中的一个小职员，所以做的事情也是七零八落的，而到了四十岁时，一般都会得到科长或主任之类的头衔，那么这时你就可站在一个更高的角度，以一个更广阔的视野来观察问题。

人在二十岁时总有一段叛逆时期，但是到了四十岁之后，自己的思想也逐渐趋于成熟，所以人在年轻时要充分利用时间来发掘、培养自己的潜能，并为自己的将来做好更充分的准备。

现在就业形势日益严峻，在职场拼杀的白领们不敢有一丝的懈怠，惟恐一不小心就“砸”了手中的饭碗。已被划入“老员工”行列的四十岁白领们，眼见着学弟学妹们揣着硕士、博士学历，意气风发地加入到自己的行列中，不自觉地就会心跳加速、血压上升。

毕业于哈佛大学的美国哲学家詹姆斯说：“你应该每一两天做一些你不想做的事。”这是一个永恒不灭的真理，是人生进步的基础和上进的阶梯。有一句名言与这个观点相同："容易走的都是下坡路。"

辩证法里量变质变定律也讲，量变积累到一定程度就会发生质变。所以不要奢望个人的进步能够立竿见影，只要每天进步一点点。让自己进步的方法很多，"每天做点困难的事"，就是让自己进步的办法之一。如果你是一位营销人员，但是当众演讲是你最发怵的事情，那就每天强迫自己对着镜子练习讲话；如果你是一位外事人员，但是你恰巧又是一个内向的人，那就每天强迫自己主动与主要的业务伙伴联系，或是打电话，或是相约见面；如果你从中学就讨厌学外语，可是你要想获得在职硕士学位，就不得不硬着头皮，每天强迫自己练习听力、复习语法，再一气做完一套模拟试题……

任何人每天都有难题需要处理。那些最快乐、最成功的人，就是那些一遭遇困难就能迅速应付者。每天给自己出点儿难题，而且坚持不懈，你就会发现自己每天的一点点进步，最终让自己有了长足的进步。

四十岁的你应该牢牢记住这一点：即使你已是掌握一定权力的经理、主管，你也应该只把自己当成一名普通员工，没有挑肥拣瘦的余地，只有努力工作的份儿。做到了这一点，你才不会在不知不觉中退步。

3. 定时为自己充电

在竞争激烈的职场上，一纸文凭的有效期是多久？当你必须向别人出示你尘封已久的证书时，你是否会怯场，感到没有底气？为了让自己不至于被时代的车轮碾碎，不断充实自己，掌握新知识，淘汰旧知识就成了四十岁女人在职场里的生存之道。

或许当你拿到金灿灿的学历时，曾经还是可以傲视群雄的。可劳碌几年后，猛抬头，才发现知识和技能的发展日新月异，学历飞速“贬值”，眼见着学弟学妹们揣着硕士、博士学历，意气风发地加入到自己的行列中，使自己在诸多方面受到限制，如加薪、升职的机会等，你不自觉地就会有种“时不我待”的紧迫感……

是的，在如今藏龙卧虎、新人辈出的职场之中，如果你想单靠原有的一张文凭、一种技能在职场立足已几乎不可能。你必须居安思危，不断充电，学习掌握新知识和新技能，才能让自己“不贬值”，才能让自己在职场中时时拥有竞争力，永远占据一席之地。

纸上得来终觉浅。任何事物的认识都有一个从感性到理性的过程。光从事物的表面看不出事物的本质，要想认识事物必须有一个逐渐深入的过程。同样，在工作中，技能的积累和熟练程度是在不断的摸索中逐渐完善的，若要想在工作中立于不败之地，你必须不断地进行技能充电，这就要求一定的实践过程。

（1）认识来自实践

“纸上得来终觉浅，绝知此事要躬行”这两句话阐述了一条非常质朴又很“倔犟”的真理：认识来自实践；艰苦的有风险的实践乃是锤炼意志、增长才干、坚定信念的大熔炉；检验对不对、懂不懂的惟一标准只能是实践。

我们既首先肯定人是环境的产物，又强调人是环境的改造者，是主人，这才是辩证的实践观。友爱融洽的环境易于形成善良，威吓严厉的境遇易于导致软弱；民主平等的气氛易于塑造刚正，冷漠孤寂的氛围易于导致粗暴；复杂多变的情况易于塑造稳重，宠信恭维的氛围易于造成任性；成功喜悦的心境易于培养自信，受贬受挫的气氛易于导致自卑；互助切磋的环境易于让人虚心，过于顺利的条件易于产生骄傲；考验不断的环境易于培养机敏，侥幸取胜的进步使人易于油滑；忧患当头的岁月易于产生远虑，崇尚空谈中易于助长迂阔……

重新塑造自己，首先要坚信：只要改变了行为，就会改变自我感受，继而改变形象。比如你要克服害羞这个毛病。当你吃尽了害羞的苦头之后，决不要再品尝它，而要宣战：多参加集体活动，不要怕处于中心位置；说话尽量把声音放大一点；眼睛要敢于正视对方，这既表示你的礼貌，也表示你的正气与自尊。这样开始时可能不自然，但很快你就会重建自信。关键是实践了。

实践——不怕曲折、不怕艰苦、不找借口、不贪便宜的实践，是引导成功的最好导师。

（2）自我充电

当今世界是信息时代，每天出版图书、报刊及科学发明创造成千上万，而人不可能一劳永逸，以不变的职业知识结构，去应付万变的职业生活现实。况且，人的知识陈旧率也惊人的高，一个大学生所学的知识，在毕业10年后，有用的就仅剩20%。可见，更新和补充知识是伴随人生全过程的活动。一个职业女性，必须时时地进行自我“充电”，学会不断地掌握新技术来改进和发展自己的职业生活，以保证自己始终在激烈的职业竞争中立于不败之地。

既然我们热爱所从事的职业，希望在这个岗位上工作下去，那么，我们就必须更加勤勉，通过主动自觉的学习，不懈地发展和完善自身素质，其中包括决策、创造、交际能力及分析、评估、综合和归纳事物本质的能力等等。这些基本素质可以使你的工作与你的人生融为一体。

自我“充电”的内容应包括以下几个方面。

第一，加强职业道德修养。也许你并没有认识到这一点：职业道德修养是职业活动的基础，也是自我完善的必由之路。它是从业人员根据职业道德规范的要求，在职业意识、职业情感、职业理想和行为等方面的自我教育、自我培养、自我锻炼和自我改造，它可以提高自己的道德素质，不断克服损人利己思想、雇佣思想和平均主义等旧的职业意识。可以说，职业道德修养的过程，是使自己在职业道路的阶梯上不断攀登的过程。

第二，不断学习科学文化基础知识。在当代科学技术日益成为生产力重要因素的情况下，缺少文化技术知识，不可能成为一个合格的职业女性。即使大学毕业了，有了职称和工作业绩，也只能表明过去。每个人在职业活动中的能力，基本上取决于其对高新文化技术知识的掌握和运用程度。

第三，注重提高职业操作技能。任何职业活动都是由一定的职业操作技能联结成的。提高职业操作技能就等于提高了职业活动能力。个人可以通过学徒、实验、参加比赛等形式，不断提高本职业的基本操作技能，并达到较高的熟练程度，顺利地完成本职工作任务。

第四，掌握职业生活技巧。任何一种成功的职业活动中，都包含着职业科学艺术成分，如人们怎样进行职业保健，怎样能成才，怎样能排除职业生活中的种种困扰等，都存在方法和技巧问题。懂得技巧就可能使职业生活变得丰富而有活力，否则，就难免走弯路，甚至导致职业生活失败。由此观之，我们不能忽视对职业生活技巧的学习和运用。良好的技巧能够弥补很多缺憾和不足，有助于在理想的职业领域大显身手。

总之，无论是拿出专门时间去深造，还是在工作实践中不断学习，通过基础和后续坚持不懈的努力，都能使那些有心的职场女性不断适应变化的环境，最终拥有纵横职场的能力——哪怕你已经四十岁。

4. 抓住升职的机遇

升职是每个职场中人的渴望与梦想，因为升职就意味着加薪、地位的提高、个人价值的实现……尤其是随着年龄的增长，那些行走于职场的女人对升职的渴望会愈加强烈。试想，如果一个女人到了四十岁，却仍然是一个平凡小职员，那一定是职场“恐龙”了。

然而，机会只垂青有准备的人，不要只是等待升职的机会，聪明的女人应该懂得发现机会、捕捉机会，必要时更应主动创造机会，才能实现“升升不息”的梦想，才能从此一览众山小。

（1）主动寻找机会

职业女性的事业是否成功，人生是否壮丽，在很大程度上要看她能不能赢得和充分利用一次又一次的机会。谁都无法预知机会来自何方，以什么形式出现。有的时候机会从“前门”进来了，有的时候机会从“后窗”进来了；有时机会以本来面目出现了，有时却又打扮成挫折的样子。你必须慧眼识珠，寻找每个机会。

①要有广阔的视野，不要把眼光局限在某一狭小的范围内。

②善于分析，机会往往打扮成问题的面目出现，例如，对某一重要问题的解决本身就为你的升职提供了机会。

③不能仅仅看到目前的问题，还应该发现随问题而来的机会。

（2）学会创造机会

愚蠢的人丧失机会，软弱的人等待机会，聪明的人把握机会，强大的人创造机会。在可能的情况下，你应该通过自身的努力，创造有利于你升职的机会。

①抓住亲近机会。有些人对上司十分畏惧，以至于跟上司有沟通的心理障碍。畏惧权威的结果，使得上司只好独来独往。其实，在大多数情况下，他都不愿意扮演这样的角色。上司也是血肉之躯，不希望别人拿他当外星人。所以，你应该主动抓住与上司相遇的机会，比如电梯、餐厅、走廊等，轻松面对，大胆沟通。上司因此也会对你刮目相看，在上司眼中你自然也会比其他躲得远远的人亲近许多。

②主动推销自己。千万不要以为，你的上司会很主动注意你的需求，会主动为你规划升迁之路。其实，公司中人数众多，上司很难了解和顾及每个人的需求。当有某个职位空缺时，上司往往凭个人的推测，来决定提升谁。这时候，可能被选中的人根本不喜欢做，而很渴望的人却不被注意。因此，你平日最好在上司面前有意无意地提及自己的兴趣和专长，这样对上司和自己均有利。一旦有职位空缺，你也可以“主动”向上司推销自己。

③精彩“秀”自己。公司里通常有这样三类人：第一类，只肯做不愿说；第二类，不肯做只会说；第三类，既肯做又能说。有了数年的职场阅历，哪一类最得上司欢心，没有人会不清楚吧？那为什么还要固执地等待上司放下身段，来殷殷垂询你的精辟见解或者光辉业绩呢？要知道，身处人才济济的公司里，仅有踏实苦干还是远远不够的，该“秀”的时候一定不要客气，而且要“秀”得精彩。

④挺身脱颖而出。哪家大公司不是名校毕业生一大把，要成为真正出类拔萃的一个，不是三五年就出得了头的。要尽快脱颖而出，当然得另辟蹊径展示你的与众不同。比如，在大多数人都无所适从的时候，你能够挺身而出为上司排忧解难，化险为夷，这样必然能赢得上司欢心，也较

能在同事中突显出来。要做到这点其实并不困难，只需处处留心、时时在意即可。

（3）努力争取机会

你若想升职，绝不能一味等待伯乐的上门，而应该争取施展才华的机会。就算伯乐上门相才来了，你也要有表现才华的明显迹象作为依据，才能被伯乐看中。

①到升职机会多的单位或者部门。在公司部门的选择上，要选择提拔机会多的部门。比如，宣传部门、科技部门、组织人事部门和经济部门。只要选择了这样的单位或者部门，就找到了升职的良机。而且，上司叫你到地区任职的时候，你最好到人口多、地域广、经济位置重要的地区任职，这样你在竞争中就会成功。

②选准上司。选准上司对你获得升职是非常重要的条件。事实上，上司是不能由你选择的。可是，你能够创造条件去接近比较理想的上司，疏远不理想的上司。

有几种类型的上司可以供你选择：

第一种是年轻有为、在前程上被众人看好的上司。跟着这种上司干，一旦上司被提升了，就会为你空出职位，留下升职的良机。

第二种是资历深的上司。上司的权威性和人际关系能够保证你顺利地开展工作，在物质利益方面也会给你带来好处。你还可以从他们那里学到许多宝贵的东西，从而为升职做准备。

第三种是无所作为的上司。他们无视名利，对下属的要求不严。你跟着他们干，好处是不会受累，没有压力。

第四种是道德品质和业务水平糟糕的上司。假如你是一个愿意冒险的人，不妨选择这样的上司，只要时机成熟，马上取而代之。

③做好上司最关心的工作。上司最关心的是关系到全局利益的工作

任务。你若能以敏锐的观察力，找到一个时期内上司关心的工作，用你的最大能力把上司最关心的工作做好，那么，不管在业绩上还是与上司关系上，你都能取得事半功倍的效果。

岁月在一天天地流逝，年龄在一点点地增长。岁月不饶人，女人只有懂得并及时捕捉升职的机遇，才能避免遭遇“长江后浪推前浪，前浪死在沙滩上”的悲剧，才能在四十岁一览众山小，也算作为送给自己四十岁的礼物，让四十岁的喜悦冲淡四十岁的困惑，让四十岁成为女人成功与幸福的代名词。

5. 做好职场中的年龄减法

信息社会的到来，带给人们的是速度危机。可能你本来在公司是四梁八柱的人物，忽然有一天发现自己被冷落，再观察四周，全都是朝气蓬勃的二十多岁的年轻人，自己在不经意间已经从当年初入职场的青涩新人，一不小心变成了所谓的“职场老人”。各方面力不从心，心力交瘁，职业倦怠，薪酬瓶颈，如同一个曾经大红大紫的当家花旦，一瞬间变成了扛着小旗跑龙套的，心情跌落到了谷底。四十岁，真的要退居幕后了吗?

更令人沮丧的是，与新人们一起共事，便无法回避“年龄隔阂”的存在：中午吃饭时的短暂休息时间，同事们往往会聚集在一起谈天说地，可是你总感觉到插不上嘴；周末同事们一起去蹦迪、泡吧、聚餐，也很少邀你同去。很快，你便发现“年龄隔阂”使自己陷入一种孤立的尴尬境地。因此，消除职场的“年龄隔阂”刻不容缓。

（1）摆正心态

公司里一批又一批新人的到来，会让你感到扑面而来的巨大压力，难免会产生一定的抵触情绪，从而有碍同事关系的和谐。要知道，企业要想不断发展和延续，就必须吸纳新人。新鲜血液的注入，可以使企业充满活力，也可以激发职场老将的竞争意识，造成“鲇鱼效应”。因此，你要摆正自己的心态，树立整体观念。在与新人的竞争中，既要有赢的信心，也要有输的准备，就算竞争失利也不必气馁。能够承受别人比你强，才是一个成熟的职业人。千万不能因为多了一个强有力的竞争对手而心慌意乱，那样只会给自己带来更多的困扰。

（2）积极应对

“职场老人”们最大的劣势就是知识老化，面对朝气蓬勃的新人，你应该有适当的危机感，并且把这种危机感转化为学习充电的动力，以使自己的知识面和职业技能“保鲜”。这种危机感不是盲目的恐慌和嫉妒，而要积极地应对压力，像伐木工人一样不时磨磨自己的斧子。新人看到你面对压力学习充电，自然也会对你刮目相看。

（3）不要“倚老卖老”

很多“职场老人”都算得上是公司的元老级人物了，所以，自然而然有一种强烈的优越感，认为自己在公司的作用至关重要，理应得到公司特殊的优待和特别的尊重，尤其是那些刚来的新同事更应该对自己礼让三分。这是一种非常典型的“倚老卖老”的心态。在职场中，这其实是行不通的，你如果每天都抱着“我是元老我怕谁”的思想来与同事相处，时间长了难免会让人生厌，给人留下过分傲慢、盛气凌人的不良印象。这对于你来说是十分不利的，所以，要彻底除去这种心态。

（4）主动帮助新人

“职场老人”经验丰富、对环境熟悉、人际关系广，工作起来自然轻车熟路，所以，在工作中，应该起到“传帮带”的作用，以指导和帮助新人尽快适应工作。这样不仅能使新人尽快提高工作效率，对你产生信任，也能巩固和提高你的职场地位。但是，你应注意一点，在做好“传帮带”的同时，注意给新人一些独立的空间，否则，新人很可能会认为你这是在炫耀。

（5）学会引导新人

年轻人大多追求个性，做事未免情绪化，这时候，作为“职场老人”的你不应该一味地对其批评，而应以引导、激励为主。新人初来乍到，如有一些不懂规矩的地方，除了委婉指出，你还应学会宽容。时间一长，新人也会明白你的一片苦心，必定加倍努力工作，并对你心存感激。万一遇到有些新人因年轻气盛，不服“管束”，对你报以恶意或带有挑衅的言行，要尽量以委婉又不卑不亢的态度化解，避免与之正面冲突，这样可以显示出你的大家风范以及处理突发事件的应变能力。反之，大发雷霆的结果只会把事情弄得更糟，不仅解决不了问题，而且会给人留下“暴脾气、不好相处”的印象。

（6）加强与新人的沟通

职场上没有永远的敌人，只有永远的榜样。所以，“职场老人”应该主动与新人沟通磨合，这不仅能给对方留下平易近人好相处的良好印象，而且也能使自己很快地融入到他们当中，清醒地意识到自己的不足，学习自己所欠缺的东西。作为职场新人的年轻一代，与生俱来的种种特性使他们时刻走在社会潮流的前沿，如果“职场老人”不主动与新人接触交流，就等于把自己推进了落伍的旋涡。

（7）多与新人一起活动

俗话说“趣味相投”，只有共同的爱好、兴趣才能让人走到一起。对于现代的职场女性而言，一般都有可观的收入，加上乐于享受生活，所以，在闲暇之时，她们喜欢去郊游、烧烤、蹦迪、泡吧，娱乐生活丰富多彩。为了融入新人的精神团队，你不妨试着让自己去接受他们的一些爱好和兴趣，邀他们一起行动。这不仅能让你获得更多的快乐和放松，缓解内心的压力，更有助于培养和谐的人际关系，从而在工作上“配置”得更好。

（8）只对工作不对人

每个人都有自己的喜恶，但切记勿将自己的喜恶带入职场。新人可能都很有个性，有自己独特的眼光，当他们穿着翠绿的衬衣、桔红色的裤子，头发烫成金黄色，还戴着宝蓝色的蝙蝠型眼镜，像个精力旺盛的孔雀从你身边走过时，也许他们过于“前卫”的衣着打扮或是“开放”的言谈举止不是你所喜欢的，甚至为你所讨厌，你可以保持沉默，但不要去妄加评论，更不能以此为界，划分同类和异己。你最好能多点“兼容”，这样才能赢得他们对你的尊重和支持。相反，要是为此而惹恼他们，那你会树敌过多，以后的处境就大大不妙了。

人说三岁一代沟，女人四十岁，与刚入职场的年轻人至少也有三个代沟。职场的“年龄隔阂”有时也是一个很大的问题。但是既然能有缘共事，而我们四十岁的女人又是“职场老人”，处理好与新人的关系，形成良好的团队关系，这对于个人发展、企业发展都是有很大好处的。成熟而理性的四十岁女人要想畅游在职场，就应吸取新人的活力与创新力，突破原有思维局限，有利于“职场老人”事业的广阔发展。

6. “女人味”也可以带到职场中去

一提到职场，所有古板的规则就浮现在人们的脑海中。似乎女人一踏入职场，就应该把性别差异一脚踢开。似乎在职场里凸显女人味，是一种懦弱的表现。但是现实却是，让职场有女人味却可以更容易成功、更容易取得成就。

四十岁女人如水般充满柔情，在职场里女人要懂得示弱，貌似天真，才能获得别人的帮助，如果你看上去咄咄逼人，别人心里早有戒备，那你就寸步难行了。

女人味既可以是策略上的示弱，以柔克刚，使自己占据主动，也可以是技巧性地回避矛盾，解决问题的方式，会使自己养成逐渐成熟的职业习惯。

在男性终究强势的职场上，女人想要打下一片江山，必须学会运用“女人味”，必须表现得比男性更精彩才能出人头地。因为女人通常很少参加男性的社交应酬，很少和他们一起举杯狂欢，一起胡侃足彩，很少和他们一起讨论美伊局势，也很少和他们一起谈论美眉。

甜美的笑容，得体的装扮，娇嫩的嗓音，温柔的气质……这些都是女性独特的“味道”。现代女性不应再扮演冰山美人，板着脸孔坚决维护“男女授受不亲”的古训，反而应该善用“女人味”，在自己的周围营造一种和谐的工作气氛，并凭借自身的实力和才干，用女性的魅力包装自己，以寻求出人头地的机会。不过这里说的是“女人味”，不是教你脑袋空空做“花瓶”，以美色迷惑男人，更不是要你穿迷你裙、露大腿勾引上司，什么成绩都没有，光凭色相获得高薪，那只能被别人所不齿。

女人味是一种优雅的魅力，能让女人在追求事业的时候获益良多。只要有魅力，即使不是美女，依然有着动人的“女色”。

比如一位会使用“我错了”的女经理，无论对下属或是上司，她一定能比一位开口必是“你错了”的女经理更能被别人接受，更加游刃有余。当争端出现，“你错了”就意味着孰是孰非的辩论姿态，而“我错了”发送的是求和的信号。争强与示弱，会导致两种截然不同的结局。

公司同事可以是你传递“女人味”的媒介，而现代的一些科技手段也可以为你所用：比如MSN、QQ、公司内部BBS等。传递“女人味”不是要你有事没事和男人打情骂俏，而是要你保持亲和力，脸上时时带着笑容，让男同事了解你，欣赏你的魅力。

女人具有温柔的先天特质，女人柔弱的特质，在男人眼中绝对是优点，而且也是督促他们努力表现的最佳动力。当你和办公室的男士意见不统一时，先别争吵得脸红脖子粗，应该保持风度，维持笑容，气定神闲，甚至可以摆出一副低姿态来促成僵局得到有效化解。大部分男人都是吃软不吃硬的，当你摆出愿意妥协的姿态时，他往往会先被你所软化，妥协得比你还彻底。后发制人也未尝不是一个好办法。

女人要建立个人的工作风格，是不要太男性化——冷酷、倔强、果断，也不应太女性化——软弱、情绪化、被动、犹豫不决。许多男人都认为女性不懂得控制自己的眼泪和情绪，因而所做的决定是不值得信任的。如果你想大哭，你最好找个没有人的地方发泄一下内心的郁闷。若能在适当的时候、适当的男性面前运用“泪弹”，也未尝不是一个好办法，含泪欲滴，低声哭诉，或许更能博取同情，达到自己的目的。

当你的身心不堪重负，悲伤、恐惧的时候，请务必学会自我调节，调节自己的心态，你可以向父母撒娇，你可以向老公或男人撒娇，但生活不认可你的撒娇。要学会控制情绪和眼泪，勇敢面对失败和压力，只有这样，才能赢得男人的尊敬和同事的认可，为自己赢得那片晴朗广阔的天地。

女人并不是天生感性的动物，她们完全可以像男人一样理智。一个能恰到好处展示自己威严的四十岁女人，会让人觉得既亲近又不可侵犯。她们善于在众人面前喜怒不形于色，摆出能驾驭所有人的气概。这样的女人既有女人的独特魅力，又有男人游刃于职场的气概，事业成功近在眼前。

7. 知道在哪些方面需要加强修炼

“我能坐稳现在的位子吗？”每个职场中人都在这样问自己。在现代职场里，资历已经没用处了，对四十岁的女性职业人群来说，想要在公司中站稳脚跟，保住辛苦得来的一切，就要在平时不断自我修炼，提高自己的“含金量”，这样才能使自己稳如泰山。

那么四十岁的职场女人应该从哪些方面修炼自己呢？

（1）对上司少批评、多听从

对于积极进取、言听计从的员工，任何一个老板都难以“忍痛割爱”。如果你自问工作并不那么积极，担心被老板划入“无用”之列，则听听香港人力资源协会发言人的指导：“即使平日惯于偷懒，在表现评估前一两个月都要扮积极，向老板汇报自己的进修情况，谈谈帮助公司发展的计划，与公司的重要人物拉拉关系，希望在讨论裁员之时，请他们帮你说上几句话。立体声总比单声道好嘛！”不要浪费时间去猜测老板的心思，你一辈子也猜不透的。多数老板喜欢以自己为中心，最喜欢听自己讲话，你只不时地用“好的”、“是”等音节来回应他，就可以令老板相信你。古今圣贤，都不喜欢对方批评自己，更何况老板，他花了钱请你来对其说三道四，这样，他会开心吗？

（2）做工作的多面手

有些专业人士，自以为学历高，拿着洋文凭，就能身价百倍，一生不愁衣食，一旦被裁，就像突然掉进汪洋大海，捞不到一根救命草。这些专业人士之所以被裁，原因往往是他们只“专”于某一方面，未能成为公司工作的多面手。因此，老板在裁员之后，往往叫其他职工兼任离职人员的工作。如果你是多面手，上天能飞，入水能潜，老板绝对不会炒你的鱿鱼。职业咨询专家认为，对公司最有价值的“多面手”型的员工，如果想“立于不炒之地”，就必须学习、学习、再学习。当会计的不妨学学行政管理，最好还懂法律，令自己成为多面手。如果自以为是专业人士，抱残守缺，不思进取，老板随时可以用一半的价钱雇用同等的“专业”人士顶替你的工作。“多面手”最大的特点是学习能力强。你应确保你的知识和技能是最新的，这需要你在百忙之余，经常学习新的知识，如果你所在的单位提供某种培训，一定得参加。

（3）“拥兵自重”保平安

这并不是说，离开你公司就开不成了，而是说离开了你，公司会出现不良的运转。这时老板就不能不考虑到裁掉了你可能得不偿失。在裁员风波中，有些人认为公司无理解聘，自己当街叫屈。毫无疑问，这些人多半是没有加入群体的游离分子。所谓埋堆，其实是参加一个无形的小集团，平日一起逛街、去KTV，有钱一起花，有事一起帮。同事之间，更盛行“埋堆”，从地盘工人到娱乐圈红星，都自动结合成一个个小圈子，大有“一损俱损，一荣俱荣”之势。既然游离分子被裁的可能性较大，所以打工专家传授一个招数，叫做“拥兵自卫”。如果你有较好的资历，或者“人缘”甚好，不妨招兵买马，大量吸收游离分子，以巩固自己在公司的地位，此招对于一些与营业额挂钩，或者讲究“班底”的行业，诸如酒店业、保险业，尤其奏效。从公司的角度看，部门将因为你的离去而受损，部门领导就会谨慎；或者你的主管和工作搭档根本就不在意你的离去，那就凶多吉少。

（4）紧跟公司发展

如果你是搞销售的，就应考虑成为核心销售人员。如果手上掌握有不同领域和重量级客户名单，这将使你非常不容易因为公司业务收缩而被裁掉。即使你所服务的公司倒闭，在重新就业时，你也可以很容易找到新的发挥你销售专长的工作岗位。道理很浅显，在经济整体环境不景气的情况下，销售的重要性越发显得突出。如果你是技术人员，就应紧跟企业发展，提高业务能力。如果你所在的企业宣布进军电子商务，你要非常清楚这些将对你产生何种影响，现在IT业的裁员经常是一个部门因为业务调整而被整个端掉。要想坐稳你现在的位置，就必须未雨绸缪，事先察觉公司的战略变化，提高业务能力，使自己能够承担除现在本职工作以外的其他工作。

（5）让自己做最“有用”的人

公司要减员，老板考虑的大前提是：用最少的人力维持正常运转。所以，很多公司会将简单、重复性的工作岗位裁掉，由其他职工兼管。工作任务简单、有可能被裁掉的员工，如果想保住自己的饭碗，不妨试用“化简为繁”的招数。其实工作的简单与繁复，有时可以“因人而异”，例如将档案输入电脑，可以很简单，也可以搞得十分复杂，关键在于操作者怎样去处理。

四十岁的李女士在一家大型公司做计划执行员，每天要处理上百位外国与会人士、演讲者的登记，她成功地建立了一套复杂的资料库系统，全公司只有她才能运作这个系统。所以，老板要维持公司的正常运作，就必须继续雇用她不可，对于裁员，她是临危不惧。

但一般来说，这一招只适用于小公司，大公司分工较细，切勿乱试，如果搞得电脑系统乱七八糟，老板会即时解雇你，另请新人来从头做起。

以上种种修炼都是为了达到这样一个目的：找到自己存在的理由，让自己工作得更加扬眉吐气，那么，你是一个在公司中必不可少的人还是可有可无的人呢？问问你自己！

8. 努力尝试新鲜事物

一些四十岁女性往往对科技怀有冷漠感，不愿意尝试新鲜事物，这确实是女性成功的一大阻碍。电脑、数据机、电子邮件及网络给我们的工作带来了很多便利，如果不能熟练运用这些新科技，那么你就无法与潮流接轨，你就会成为一个落伍的人。

根据美国乔治亚理工学院的一项调查显示，使用网络的美国女性为17%，欧洲女性的上网比例则为7%。美国电子商务联盟与尼尔森的数据显示，男性占了网络使用者的67%，男性上网的次数比女性高得多。而在中国情况也是如此。

科技为工作带来莫大效益，你可以选择在家工作，多一些时间陪孩子，或更妥善地分配时间。对女性企业家而言，科技更带来前所未有的自由。然而，倘若女性不能拥抱科技，就会被远远抛在后头。这个假想，可能令某些人心惊胆战，但却是不争的事实。不过，请记住，我们都在学习冒险。我们正在寻求别人的支持与指点，以便迈向成功之路，所以我们也正在学习拥抱科技所需的技能与工具。我们可以组织各种研讨会进行专业授课。也许你在刚开始学电脑时，脸上充满惊恐。可是只要方法得当，你就会沉迷于此，不想过早结束。一旦克服恐惧，你便迫不及待，想学更多。

许多女性在建立起自信前，都不希望在初学科技技能的过程中有男性参加。有些女性在男女混合的工作环境下，觉得备感压力或受到威胁。安德恩·曼德尔在《男人如何思考》一书中说，男性如果看到一个按钮，就忍不住要按一下看看会怎么样；相对地，许多女性却会担心因为按错键而弄坏电脑。男性会勇于尝试，女性则希望有人指引。

在资讯科技发达的世界里，组织是平行的，而非叠床架屋的阶层制度。这意味着女性擅长的技能，如沟通、解决问题、维持良好关系，将变得非常有价值。女性可以向别人伸出双臂，在团队合作的环境下与人有效地合作。

毋庸讳言，在对待科技这个问题上，男性和女性是有着不少的先天差异的。一般来说，男性与女性使用科技的方式就有所差异。科技经常脱不掉男性观点。早期的个人电脑使用复杂，应用以数学程式为主的软件；然而，随着个人电脑的使用日趋简易，以及图像与滑鼠标的操作方式，使得用电脑的女性人数大增，网络也是一样。

一位女性上网时，表明自己是女性，她讲话的时间如果超过20%，男性使用者就觉得她说太多话了。但如果她以“男性身份”上网，她则能更自在地发言。由于网络是一个匿名环境，有些女性选择使用男性身份，以便“大声说话”。这或许也是不必冒险就能练习自信发言的好办法。经常上网的女性，也会较常问问题，她们更有自信，也不畏惧发言。

有时候，观察男女在运用科技方面的巨大差别，实在是饶有趣味。但是要再次强调的是，这些差别，绝大部分是跟性别角色有关，而非实际性别。较倾向男性特质的男性或女性，往往都是科技迷。他们会读关于电脑或网络的杂志，逛电脑商场的也是他们，在电脑上玩游戏的人，绝大多数都是男性。男性经常拿个人电脑当工具或玩游戏，而女性则喜欢用电脑上的电子邮件或网络来沟通与获取资讯。

高科技公司，本身往往就是女性工作的理想地点。这类公司的阶层制度较不明显，也较少有所谓的哥儿们、人际关系网，提供许多机会供人撰写、设计或行销软件与开发互动式电视。拥抱科技永不嫌迟。这些都是典型的“女性行业”。赶快去找个人吧，让他为你指点迷津，拉近与电脑的距离。

传统的工作时间是朝9晚5。现在，如果你觉得自己是夜猫子，晚上11点再开始工作也无妨。你从早到晚都可能收到语音留言，午夜后可以发国际传真，然后在凌晨4点进行三方通话会议。这不是一件很奇妙的事吗？你永远要随叫随到，所以要在工作与家庭间划清时间界线也会愈来愈难。

英国电脑学会的研究发现，资讯科技业对女性最大的吸引力在于能有弹性安排工作、中断工作，以及有上训练与生涯发展管理课程的机会。然而，该学会会长亚伦·罗素补充说，英国女性只占了主修电脑人数的11%，远低于美国的45%与新加坡的56%。这显示，我们应该多多鼓励年轻女性学习科技技能。而且随着事业的发展，女性也必须不断提升自己的经验。

四十岁的女性仍然有很强的学习能力，因此不要以年龄为借口拒绝提升自己的职业技能，你应该怎么做呢？你可以请同事教你使用电脑，公司如果有电脑培训的名额你要尽力争取，没有这样的机会也不要紧，你可以自掏腰包去报补习班，这种投资绝对不会让你吃亏。

9. 利用好自己的优势

对于四十岁女人来说，年龄是一道致命伤。如果不能给自己一个准确的定位，让自己的长处得到很好的发挥，你就很可能会在“而立之年”“光荣”“退休”。

有一些职业，特别是那些所谓的吃“青春饭”的职业，对于女性的成长提出了很多挑战。随着年龄的增长，四十岁的女性已经没有吃“青春饭”的本钱。特别是成了家，有了孩子，精力和能力都不允许她们再陷入无休止的职场“厮杀”。在她们眼里，继续留在目前的公司，与其说是在等待晋升的机会，倒不如说是一种习惯使然。一些职场女性知道自己在目前的公司干下去也没有多大发展前景，迟早会被新人所替代，但担心年龄不允许自己选择的心理又使她们不知道该何去何从，于是开始迷惘。

Kinki就是一例，她做秘书都做了11年了，单位也换了七八家，却依然还只是个秘书。众所周知，在国外，秘书是越“老”越吃香的一个职业；然而在国内，基本上还主要是吃“青春饭”，年纪越轻越抢手。为此，她担心不已。

每一个想成功的人，都应该结合自己的特长给自己的职业做一个规划。当面对职业定位困惑的时候，不妨眼界放开阔一些，适时开辟其他战场。这个例子中的Kinki就是如此，她受一个朋友的启发，挖掘自己人缘好的特点，做起了买卖。在丈夫的支持和朋友的帮助下，她拿出自己多年攒的“私房钱”，租了个店面，开了一间“品酒吧”，在这里你只要花上80

元钱，就可以品尝到来自世界各地的美酒，一年过去了，生意居然做得红红火火。

所以，对于四十岁的女人来说，最重要的就是要了解自己，对自己有一个清醒的认识，知道自己想做什么。已经意识到了危机的存在，接下来就是付诸行动。假如你还没有准备好，那不妨多做一些对未来的各种积累，有意识的积累，才能从容应对未来的各种挑战。多参加一些对未来有帮助的职业培训，自己可以有意识地报考培训班，最好是到一些大型名牌企业任职几年。因为这些企业大多会提供非常正规的培训，对你未来的择业很有帮助。

我们还要弄清楚自己最想要的到底是什么。金钱、富有变化的生活、挑战的刺激还是不断超越自我？然后想想现在的工作能不能给你提供这些物质条件或精神上的感受。如果两者相去甚远，你就应该考虑变换一下工作了。

值得一提的是“四十岁现象”，女人到了四十岁，在求职时就总会碰到对自己排斥的招聘信息，于是她们开始对自己的年龄感到恐慌，视换工作为畏途。其实“四十岁现象”是毫无道理的，如果你是一个四十岁的女人，那么就应该重新认识自己，不要被这种怪诞的现象所左右。

首先，你可以先算这样一笔账。一个人从7岁上学算起，经过12年小学和中学教育，再加上4年的大学学习，走上工作岗位已经是24岁左右。接着是几年的适应期，然后是4至5年时间的工作经验积累，现在很多人又要再充电——读研、读MBA还要花一两年时间。这样在30多岁，才能基本完成学习积累过程，一个人的人生发展方向初见端倪，实际上这个时候是人走向成熟期的开始，所以并不应该觉得心理恐慌。

其次，把年龄变成一种优势去求职。四十岁的林女士在国有企业做了九年的市场销售，由于是大专毕业，她总感觉和同事差一截。两年前，她终于下了决心，辞职去读研究生，现在即将毕业。没想到前一段在找工作时碰到了麻烦，她发出了二十多封信，居然连一次面试的机会都没有，看着比自己小的学弟、学妹都有了着落，她心里实在是不平衡。经过向职业顾问咨询，她终于认识到原因是自己在如何突出经验、优势方面处理得有问题。对于四十岁以上的求职者来说，如果仍用刚毕业学生的办法来应聘，成功的机会一定很少，其中最重要的一点是要能很好地突出个人的经验。无论是在简历等求职资料上，还是在面试时都要着重说明这一点。因为四十岁以上的求职者一般都有着丰富的工作经验。

"扬长"是四十岁求职的关键，但"避短"也是非常重要的。特别是在应聘岗位选择上。比如曾经有位四十岁的女士，她在会计专业进修了高级管理，她应聘一个销售经理却没有成功。其实是选择的职位不适合她，因为销售经理主管业务，需要旺盛的精力广泛接触客户，还要有充足的干劲带领团队拓展新业务，因此这更适合一个30岁的年轻人拼体力、拼热情，四十岁的人怎么也比不过30岁的人。所以这位女士应选择的是销售总监或财务主管这一类的职业。

四十岁，我们不必恐慌，但却应该重新认识自己，把握自己的长处：有历练，有担当，有经验，有年轻人的进取却无年轻人的轻浮，这种职业形象是极具蛊惑力的，只要你能如此这般地把握自己，那么又何愁前路无"知己"？

10. 家庭与工作的取舍之道

对渴望在事业上有所发展的四十岁女人来说，家庭与事业的矛盾几乎是难以避免的，女人虽然恋家，但也同样希望用工作来证明自己，因此怎样取舍，协调家庭与事业的关系就成了四十岁女人必须做好的事。

家庭幸福、事业有成是所有女人的梦想。但时光易逝，岁月的打磨让我们青春不再，特别是中年女人，多数这个年龄段的女性会变得很容易满足，一切以家庭为中心，把目标定位在看好老公、带好孩子上，为此放弃了自己的理想和追求，其实，这本不是我们的初衷和追求的生活。因为生命是短暂的，只有对事业和家庭生活同样重视的女人，才有可能走向事业和家庭兼顾的成功之境。

忙碌着的梁弘燕，在自己的工作日程表上永远都有一个特殊的日子，那就是"家庭日"，即使工作再忙，每个星期天也都是她雷打不动的"家庭日"，如今的她拥有一连串的头衔，但绝非是人们一贯想像的女强人形象，她一面是业绩显赫的总经理，一面又是家里优秀的主妇，她说事业有成需要有家的默默无闻来支持，她这么说也这么做了，多年来她都是很快乐地跳动在高效工作与幸福生活的平衡的支点上，游刃有余。

女人，没有理由说是为了家庭而放弃自己的事业，也没有理由说是为了事业而放弃家庭，两者兼得是最好的选择。我们要做家庭的好园丁，营造温馨的亲情。因为，家若是一个充满柔情的温馨花园，女人便是其中最辛勤的园丁。孝敬老人、关爱丈夫、教育子女是每个家庭主妇应尽的责任。选择他做自己的丈夫，同时也就选择了他的家庭、他的事业。和谐相亲的家庭氛围是事业的有力保证。相对来说，事业是女人保持真本色的最好途径，对于女人来说，家庭固然十分重要，但它绝对不是我们生活的全部。因为这是一个竞争的社会，没有竞争力就没有生存的空间，完全依附于男人的女人不仅经济不能独立，而且生活中会迷失自我，只能碌碌无为、平平庸庸地过一辈子。幸福的生活要靠两个人共同去创造，只要问心无愧、尽心尽力地去做事，对家庭尽责任，自己的人生路就已经成功了一半。

对女人来说，拥有一个温暖的家庭，就会拥有一份关怀和一份挚爱；拥有一份快乐的工作，就拥有了一份希望和一份感动。所以，家就好像是我们的左膀，而工作就好像是我们的右臂，只有双翼齐飞才能自由地翱翔在美丽的天空中。

第八章　释放出自我：学会培养和感悟快乐

四十岁的女人经历了太多的生活磨炼——工作的负担、感情的摩擦、孩子的叛逆、家务的繁琐……快乐似乎成了一件十分遥远的事情。究其原因，是四十岁的女人已经把自己埋没在人与事的堆积里不能自拔，而忽略了“自我”这个主体。找回并释放自我，你就能找到快乐，让灰暗的生活更有光彩。

1. 四十岁是女人的第二个春天

四十岁是女人生活中的第二个春天，这是精神上的春天，在这个春天里，女人会重新审视自我、家庭和生活，并且满怀信心地播种下对未来的期望。

四十岁的女人，并没有在年纪这道门槛处受到羁绊，而是努力穿出一身新潮引领时尚，通过色彩填充，制造春天的浪漫气息。上街去，闲适的休闲服和起居饰物都藏满了故事，诉说着你的勤劳与能干，哪怕进厨房，亮丽干净的厨具也衬托出你的聪明勤劳，回报你一份热爱劳动的心情。也要让新鲜的惬意挑战庸俗的锅碗瓢盆，油盐酱醋，让炒勺中的菜色彩纷呈。如果单凭饮食、护肤方面的保养，与岁月进行悠悠无尽的拔河，女人实在是力不能胜，但如果加上一条感情呢？善待自己就成了生活最合理的动力。事实也是这样，在扮嫩的队列中，单身贵族是一支重要的生力军。也许是未来的情感幻想点燃了她们眼中的小蜡烛？无论如何，渐渐走过青春的女性依然在衣着上不放弃幻想，不放弃轻盈稚嫩，仍然滞留在青春的队列中释放成熟优雅。

女人四十，对生活有了丰富的积累，性格不再那么脆弱，对家庭执著的爱已经成为一种生活的动力，为丈夫、为子女，无论做什么她都无怨无悔。因为十几年的婚姻生活，已经教会她为人妻母，就要准备付出更多的艰辛，她不会再像年轻的时候一样任性。四十岁的女人是家庭的顶梁柱，是丈夫和孩子的定心丸，没有她，家就不再是个温暖的港湾，稳定的生活已让她忘掉了烦恼和困惑，她可以轻松地迎接属于自己的未来。女人四十，精力充沛。就因为知道岁月不饶人，才比年轻的时候更爱惜自己的身体。

女人四十岁才最懂得生活，经历了这么多，她们知道年龄不是美丽的敌人，青春永驻需要的是一颗永不认输的年轻的心。

人生本来就很短暂，既然我们留不住青春的面容，那么就保持一分充沛的活力吧，这样会让自己平淡的生活呈现出春天般的绚烂。

她们知道，青春永驻需要的是一颗永不认输的年轻的心。生命就是一个过程，每一个季节都有自己美丽的内涵：春天拥有绿叶的生机，夏天拥有鲜花的灿烂，秋天拥有红叶的成熟，冬天拥有白雪的深沉，而四十岁的女人拥有的是每一个季节中的亮点，她们没有在年龄这道门槛处受到羁绊，依然生活在青春的队伍中，释放着成熟与热情的魅力。

走过半生的四十岁女人，生命中充满着爱的活力。她们带着春的生气，拥着夏的阳光，享受着秋的成熟，眺望着冬的安详。她们在冬天里买春天的衣服，在秋天里唱过季的歌。萤火虫只在夏夜里闪光，白雪不会覆盖在月季花上，但40岁的女人却有资格颠倒四季，有能力延长春天，有条件拥有爱美的本性，善良的人性，爱子的母性和爱家的天性。本性、人性、母性、天性是四十女人经历过或正在经历的人生。有了这些，就有了爱世界的基础，而爱永远是春天的感觉。火车会载着春天的希望轰鸣着驶向生命中的每一个车站，四十岁的女人在每一站中都有自己的位子，每一站中都有自己的春天。

四十岁是女人人生的一个新起点，从这一刻开始，她们拥有春的生机、夏的灿烂、秋的成熟，这是属于女人的最美好的季节。

2. 你仍拥有潇洒的权力

人为什么会活得累？就是因为对一些乱七八糟的事太在乎了，担心这个、害怕那个，结果弄得自己疲惫不堪，其实你才四十岁，刚走到岁月中途，不要对什么都太在乎，你还有潇洒的权力。

（1）你不必在乎离婚

不是不在乎，是一切还来得及。一位四十岁的女人与老公结婚11年，冷战6年，终于离婚。她说："如果说后来不愿意离婚是为了孩子，当他第一次提出离婚时我没有同意，现在想来真不知道为什么。如果那个时候早分手，我的生活绝不会是今天这个样子。不过现在再重新开始，应该也还来得及。"

（2）漂泊

漂泊不是一种不幸，而是一种自在的享受。趁着没有家室拖累，趁着身体健康，此时不漂何时漂？当然，漂泊的不一定是身体，也许只是幻想和梦境。新时代的女性是漂的一代，渴望漂泊的人惟一不漂的是那颗心。即使四十岁又有何不可？

（3）失业

四十岁以前就尝到失业的滋味当然是一件不幸的事，但不一定是坏事。四十岁之前就过早地固定在一个职业上终此一生也许才是最大的不幸。失业也许让你想起埋藏很久而尘封的梦想，也许会唤醒连你自己都从不知道的潜能。也许你本来就没什么梦想，这时候也会逼着你去做梦、去寻梦。

（4）时尚

不要追赶时尚。按说青年人应该是最时尚的，但是独立思考和个性生活更重要。在这个物质社会，其实对时尚的追求早已经成为对金钱的追求。今天，时尚是物欲和世俗的同义语。

（5）格调

格调是属于小资的东西，追求格调是她们的专利。小资们说，有格调要满足四大要件：智慧、素养、自信和金钱。格调就是把“高尚”理解成穿着、气质、爱好的品位和室内装潢。主流观念倒不是非要另类，另类已经成为年轻人观念的主流了，在今天，土气倒显得另类。关键是当今社会是一个创造观念的时代，而不是一个固守陈旧观念的时代。

（6）评价

我们最不应该做出的牺牲就是因为别人的评价而改变自我，因为那些对你指手画脚的人自己也不知道他们遵从的规则是什么。千万不要只遵从规矩做事，规矩还在创造之中，要根据自己的判断做每一件事，虽然这样会麻烦一点。

（7）幼稚

不要怕人说我们幼稚，这正说明你还年轻，还充满活力。“成熟”是个吓人的词儿，还是个害人的词儿。成熟和幼稚是对一个人最不负责任、最没用的概括。那些庸人，绝不会有人说他们幼稚。不信，到哪天你被生活压得老气横秋、暮气沉沉的时候，人们一定会说你成熟了，你就会知道“成熟”是个什么东西。

（8）不习惯

年轻人的字典里没有“不习惯”这三个字。在一首摇滚乐里有这么一句：“这个城市改变了我，这个城市不需要我。”不要盲目地适应你生存的环境，因为很可能这环境自身已经不适应这个社会的发展了。

（9）失败

一位哲人曾经说过，一个人起码要在感情上失恋一次，在事业上失败一次，在选择上失误一次，才能长大。失败来得越早越好，要是五十岁之后再经历失败，有些事，很可能就来不及了。犯低级的错误，那是年轻人的专利。

（10）肤浅

如果每看一次《蓝色生死恋》就流一次眼泪，每看一次《功夫》就笑得直不起腰，就会有人笑你浅薄。其实那只能说明你的神经依旧非常敏锐，对哪怕非常微弱的刺激你都会迅速做出适当的反应；等你的感觉迟钝了，人们就会说你深沉了。

（11）追星

不是不必在乎，是不能在乎。明星在商品社会是一种消费品，花了钱，听了歌，看了电影，明星们的表现再好，不过是物超所值而已，也不值得崇拜呀！就像你在地摊上花60块钱买的裙子，别人都猜是600块钱买的，物超所值了吧，你就崇拜上这条裙子了？

（12）代价

不是不计代价，而是要明白做任何事都要付出代价。对我们这个年龄的人来说，这绝不是一句废话。否则，要到四十岁的时候才会明白自己曾经付出了多少代价，却不明白为什么付出，更不明白自己得到了多少，得到了什么。

（13）失意

包括感情上的，事业上的，也许仅仅是今天花了冤枉钱没买到可心的东西，朋友家高朋满座自己却插不上一句话。过分在乎失意的感受，不是拿命运的不公来捉弄自己，就是拿别人的错误来惩罚自己。

（14）缺陷

也许你是个子矮，也许你长得不好看，也许你的嗓音像唐老鸭……那么你的优势就是你不会被自己表面的浅薄的“亮点”所耽搁，少花一些时间，少走一些弯路，直接发现你内在的优势，直接挖掘自己深层的潜能。

（15）误会

如果出于恶意，那么解释也没有用；如果出于善意，就不需要解释。常说到“误会”倒不是因为一个人在四十岁之前被人误会的时候更多，而是这个年龄的人想不开的时候更多。

（16）谣言

这是一种传染病，沉默是最好的疫苗。除非你能找出传染源，否则解释恰恰会成为病毒传播最理想的条件。

（17）疯狂

这是年轻人最好的心理调适，只能说明你精力旺盛，身心健康。说你“疯狂”是某些生活压抑、心力交瘁的中老年人恶意的评价，他们就像一部年久失修的机器，最需要调适，但只能微调，一次大修就会让他们完全报废。

（18）稳定

四十岁之前就在乎稳定的生活，那只有两种可能，要么是中了彩票，要么就是未老先衰。

（19）压力

中年人能够承受多大压力，检验的是他的韧性；四十岁的你能承受多大压力，焕发的是你的潜能。

（20）出国

也许是个机会，也许是个陷阱。除非从考大学的那一刻你就抱着这个目标，否则，四十岁的你对待出国的态度应该像对待爱情一样，努力争取，成败随缘。

（21）薪水

只要是给人打工，薪水再高也高不到哪儿去。所以在四十岁之前，机会远比金钱重要，事业远比金钱重要，将来远比金钱重要。对大多数人来说，四十岁之前干事业的首要目标绝不是挣钱，而是挣未来。

（22）存款

机会这么多，条件这么好，可以拿钱去按揭，做今天的事，花明天的钱；也可以拿钱去投资，拿钱去“充电”。钱只有在它流通的过程中才是钱，否则只是一沓世界上质量最好的废纸，而且在“通货膨胀”中还有被吃掉的危险。

（23）房子

除非你买房子是为了升值，要么就是你结婚了。有个女人家在外地，大学毕业之后，单位没有宿舍，父母很疼她就给她买了一套房子。她曾经有过去上海工作的机会，但是她觉得刚买了房子就离开这座城市说不过去，就放弃了。到现在她工作稳定，但一事无成。惟一的成就就是结婚了，并且有了孩子，因为她觉得不该让这房子永远空着，所以房子变成了家。房子是都市生活的寓言，这个寓言不应该过早地和我们相关。

（24）年龄

这是女人最在乎的问题，男人是“四十一枝花”，他们到了四十岁依旧抢手，但女人就不一样了，一跨过四十岁的门槛就对年龄分外敏感，明明四十岁，偏要说自己是38岁，其实这又何必呢？看看赵雅芝、巩俐、关之琳，人过四十依旧风情万种，这几位大美女都能坦然面对自己的年龄，四十岁的你又怕什么呢？

不在乎是一种“拿得起，放得下”的心态，是一种“宠辱不惊，去留无意”的潇洒，只要你学会用“不在乎”来增强自己的心理弹性，就可以活得气定神闲。

3. 每日都与好心情相伴

朝九晚五的机械日子，激烈竞争的疲惫让越来越多的四十岁女人失去了快乐的心情，其实“境由心造”，一个人是否快乐，不在于她拥有什么，关键在于怎样看待自己的拥有，也就是说快乐是一种积极的心态，是一种可以通过自我调节获得的幸福。

播下一种心态，收获一种性格；播下一种性格，收获一种行为；播下一种行为，收获一种命运。人的心态变得积极，就可以得到快乐，就会改变自己的命运。乐观豁达的人，能把平凡的日子变得富有情趣，能把沉重的生活变得轻松活泼，能把苦难的光阴变得甜美珍贵，能把繁琐的事项变得简单易行……这时候，快乐已经来临！

午间的阳光照射在电脑的屏幕上，把亮度调到最高，画面还是灰蒙蒙的。站起来伸伸懒腰，还是昏昏欲睡，便开始哼起一只曲子，声音渐大，精神随之兴奋，心情也舒畅起来。

大家都在桌前一边打瞌睡一边努力睁开眼，却被这并不优美的声音惊醒了，顿时仿佛都神清气爽起来。唱得不错嘛，有人说。便也跟着哼唱，果然舒服。一时间，几个人的声音在办公室里此起彼伏，蔚为壮观。主管有事进来，先是一惊，以为走错了地方，然后便心领神会，把一沓材料放到桌上，也伸伸懒腰，打个哈欠，嘴里配合着发出咿呀之音，整个世界，洋溢着得来全不费功夫的快乐。

不要劳神去寻找什么快乐的源泉，快乐好比一杯红酒，是可以按照自己的口味亲自调制的。

这里，我们可以给大家一些建议，不妨尝试一下，说不定你压抑的心情就会因此飞扬起来。

（1）行动起来

你必须行动起来，活动产生使你快乐的化学物质，活动还可以转移你大脑的兴奋中心，让你忘掉烦恼；完成一项活动还可以给你满足感。所以，当你倦怠地躺在床上，觉得自己什么也不能做时，你要做做看。

（2）做简单的事情，别逼自己

有人会劝你“振作精神，像往常一样做事”，这个态度是积极的，但实际上却是错误的。抑郁就像感冒，你的身体已经很虚弱，那些从前你觉得简单的事情也变得难以应付，所以强迫自己干你感到困难的事会加重你的抑郁，你会更加看不起自己，你对自己说：“连那么简单的事情也做不了，我彻底完了！”

（3）床上伸展操

也许你不相信，只要几个简单的动作，恋床的毛病就会一扫而空。在穿衣服之前，不妨坐在床上做简单的伸展操，放松紧绷的肌肉和肩膀，慢慢地转转头、转转颈，深深地吸一口气再起身，会有种舒畅感。

（4）为自己做顿早餐

有人宁愿多睡半小时也不肯为自己做一顿可口的早餐。其实一天三顿饭早餐最重要，早餐是一天活力的来源，为了多睡一会儿而省掉早餐是最不划算的，一来健康大打折扣，二来失去了享受宁静早餐的美妙感觉。下决心明天早起半小时为自己做顿可口的早餐吧！它将带给你精力充沛的一天。

（5）洗个舒缓浴

淋浴或泡澡要看你的时间充裕与否。如果泡澡，水温不宜太高，时间也别太长，选一些含有柑橘味的沐浴品，对于提振精神是最好的。如果是淋浴，告诉你一个消除肩膀肌肉酸痛的小秘方，在肩上披上毛巾，用可容忍的热度，用莲蓬头水柱冲打双肩，每次10分钟，每周3次以上，效果极佳。

（6）尝尝自己做的点心

研究证明，吃甜食有助抚慰沮丧情绪。其实，品尝自制的小点心不但有成功的喜悦，同时，在烹调的过程中，也有意想不到的乐趣。如果你的厨房设备很简单，就做一道好吃的米布丁吧。在小锅中加入适量米和水同煮，接着加入适量牛奶继续煮至米糕熟软，待牛奶汁略收干时加入糖，再加上一个蛋黄，享用时，撒上葡萄干就可以了。

（7）掸掸灰，吸吸尘

厨房的碗筷堆得快溢出水池，窗上积了一层灰，脏衣服满地都是。与其惹得自己心烦意乱，不如花点时间吸吸尘、擦擦灰，整理一下。当你环视四周时，心情会无比的畅快。

（8）远离电视

研究显示，以看电视为生活重心的人，比较不快乐。是的，有时候躺在沙发上，盯着电视一整天，最后感觉好像什么也没看到，什么也没记住，然后就开始懊恼后悔，不该让看电视占了那么多的时间。

（9）静下心来看本书

还记得书本散发的浓浓墨香吗？还记得手指翻动书页的温柔触感吗？还记得上一次被书中的情节深深感动是什么时候吗？找个时间，冲杯咖啡，再回味一次那种感觉吧！

（10）买件礼物送自己

买件礼物送自己，可以是一束花、一双昂贵的十分舒服的鞋，甚至是一顿讲究的可口菜肴。偶尔宠爱自己，足以治愈高压紧张所带来的坏心情。

总之，拥有好心情的秘诀就是：尽量增加令自己快乐的活动。只要你愿意去寻找，就一定能够从平凡的生活中发掘到更多的快乐。

4. 享受生活是每个女人的权力

生存，是一件很容易又很不容易的事情。享受生命、享受生活也是一件很容易又很难实现的事情，没有任何定义，没有任何界限，更没有任何经验可以传授，因为每个人的想法都是不完全一样的，看待事物的方式不同，对事物的感受更不会一样。享受生活，很难说是怎么样的和哪种境界。活着，能呼吸新鲜的空气，可以欣赏秀美的景色，可以聆听悦耳的音乐，可以吃到美味的食物，甚至可以感受和释放所有的情感（亲情、友情、爱情……），这就是在享受生活——伤心时可以尽情地痛哭，开心时可以开怀大笑，郁闷时能静静地发呆，有自己的时间和空间，可以做自己想做的事，如此种种，不都是在享受生活吗？

然而，快节奏、强压力生活下的人却不能有自己的时间、空间，甚至情绪，自己不属于自己。四十岁女人的压力更大，为了追逐成功，为了追逐名利，为了使家人过上更加美好的生活，许多女人勇往直前，就连吃饭，也是匆匆不知其味地胡乱填饱了肚子，忙完工作忙家务，忙完丈夫忙孩子。结果却是心力交瘁，心累体衰，没有给自己留任何时间去品味生活的美好与芬芳，最终可能会留下生命的遗憾……

没有一个女人不想享受生活，只是人生短暂，在该享受生活的日子里，家庭和社会的责任让她在不经意间送走了自己的少女时代，送走了人生中最美好的时间，却忘却了自己。往往待她想起应该好好享受生活的时候，皮肤松弛了，牙齿松动了，身材走样了，这时想吃些好吃的、想天南海北地走走看看、想穿漂亮衣服的时候，已经不能够了！

四十岁的女人，不应该再拖延了，不要再找什么借口：孩子还小，房子还没买，汽车还没买。试着从现在开始就享受生活吧！想吃就吃，不要每次都要把爱吃的饭菜夹进孩子的碗里，他还年轻，美好的日子都在等着他，他有的是时间去享受美味的饭菜；房子和汽车还没有买，也不要紧，为买房子和汽车整天累死累活的不开心，那是不值得的；累了就休息一下，放下手头的工作，在阳光底下晒晒太阳，来个温暖的日光浴；去想去的地方来个短途旅游；和老公一起去吃顿浪漫的晚餐，或者一起去听场音乐会……这些计划已久的事，应该从现在开始就去做，抑或心中突然涌出的一种强烈愿望，那就着手去做吧。

有一句话说的好：行走的时候，别忘了欣赏周围的风景。人生本来就是一个旅程，工作和生活也是如此，相信每一位女性努力工作的目的都是为了更好的生活。美好的生活不单单是名利、房车、物质的富有，还有健康的身体、和谐的家庭关系等等。如果工作的目的纯粹是为了挣钱，为了挣钱就什么也不顾，什么都可以舍弃，那么你就会在人生的旅程上只顾低头行走，完全忽略了生活中还有别的风景。

不要天真地以为等你赚够了钱，就可以放慢脚步享受生活，时间不等人，你孩子的无邪笑脸，你还算苗条的身材，还有你健康的身体都会成为过去，那个时候，你除了抱着赚来的钱又能做什么，你还有什么呢？孩子已经长大，有了自己的一片天空，再也不是那个需要你的保护和温暖怀抱的小小人儿；曾经婀娜的身材现在已今非昔比，关键是曾经的健康与活力已离你远去，只剩下身体各部位等着医生来修理。这些，都是满大街可见的事实。那四十岁的女人，你还在观望和等待什么呢？

正如一位心理学家所说：“工作、爱情、享乐是人生的三个重要方面，偏废了任何一方面就不能算完美的人生。”

人活一世真的很不容易，女人更不容易，为了生活，她们需要付出许多。父母需要照顾，孩子需要培养，一堆的家务不做不行，工作不出色有可能被淘汰，复杂的人际关系也很麻烦……这一切使自己完全没有独立的空间和时间，觉得很累很累，也想着有一天一定要停下来，好好休息一下，充分享受一下生活的乐趣。可是，人的生命有不堪一击的脆弱，不要想着来日方长，要享乐就从现在开始。

也许你想着等自己攒够了钱，等自己功成名就了，美好的生活自然就会来了，可是很多东西并不是金钱就可以买到的，比如健康。我们所说的享受生活，其实很简单，只不过是你从繁忙的时间里面抽出一点点来，为自己做一样爱吃的菜；只不过是停下你匆忙的脚步，在商场里，为自己买一件心爱的礼物；只不过是约上三五好友聊聊天，不用频繁地看表，顾及家人的晚饭和晾出去还未收回的衣衫；只不过是你可以抽出一个晚上的时间去看一场自己喜欢的电影，不用惦念任何人的阴晴冷暖。

聪明的女人，不要拖延，不要再举棋不定，不要再“珍藏”任何能给生活带来欢笑和希望的东西。一个女人，应该学会享受生活，只有会享受生活的人才会创造光彩绚烂的生活。

享受生活，就是要用心去感受生活的点点滴滴，用心去领悟生活中的爱恨情愁。享受快乐生活并非遥不可及的海市蜃楼，而是就在身边唾手可得。比如今天我们看到一件非常喜欢的衣服，但价格不菲，而心里的愿望又是那么的强烈，都可以说到了不买就很痛苦的地步，那我们就可以把它买下来，实现自己的愿望，这实际上不就是享受生活吗？

四十岁了看着别的同龄女人每天花枝招展、莺肥燕瘦的，这月去东北、下月去西南成天在天上飞，再看看自己素面朝天，粗裙布衣，每天除了下班做饭，就是早起上班，或许你会安慰自己，好日子还在后头，等我赚到资本我也来精致潇洒一回。但是日子久了你就会发现，去年本打算今年存够了钱就去潜水看海，明年好像又要贷款买房，肯定又不行了，况且，休息一天，少一天的工资啊！

于是，美好的梦想，就只能无限期地往后拖了。但实际上，真的有那么困难吗？困难到看中一件梦寐以求的衣服，都非得衡量再三后，还是选择放弃？

青春有限，亮丽的容颜实在太珍贵，如果不趁着自己年轻，抓紧享受，难道等到七老八十再化彩妆？丈夫重要、孩子重要、房子也重要，但最重要的还是享受这一刻的生活！所以若真的碰上一样喜欢的东西，如果不是明天就没钱吃饭了，就买了它吧！

能够想到以后的生活，未雨绸缪，是对自己负责的生活态度，但是千万不能太甚。人生最好的生活方式，就是一边计划未来，一边享受现在，即使只是小小的享受，也比终于熬成正果，坐拥豪宅，却只剩下一颗苍老的不会享受的心要好。

生活的美满在一定程度上就是善于选择和善于妥协。如果你要更多的时间、更多的自由，你就必须接受这样的现实：你不可能把所有的事都做得如你意。举例说吧，你可以把家庭杂务琐事分配给每个家庭成员，即使这意味着降低烹调和房间打扫工作的质量。

只要你想得到，只要你愿意享受生活，你就可以不必为了以后打算，而把自己弄得灰头土脸，没有一点情调，进而会影响到自己的情绪，时时有不舒畅、不痛快的感觉。如果我们能享受生活，为什么还犹豫呢？

5. 重拾往日的快乐美好

人人都有自己的爱好与兴趣。但人有时候又不能随心所欲地保持自己的爱好，“人在江湖，身不由己”。尤其四十岁的女人，每天早上一睁眼就要忙，一直忙到晚上闭上眼睛睡觉，才终于算是有自己单独的时间了，更别提什么兴趣，什么爱好，什么独立的时间和空间了。

为了爱情，为了家庭，为了生活，女人会牺牲自己的一切，把自己淹没于家庭、生活、工作中，不但要辛苦地工作，还承揽一切的家务，牺牲自己的爱好，竭尽全力让老公不为家里的事情担忧和困扰，无牵无挂地在外打拼。按理说，这应该是一个很幸福的家庭。可事实是，很多时候，当男性事业有成的时候，他们看似美满的家庭也要解体了。

大多数人可能会把原因归结到男人的负心上面，于是就有了一句话：“男人有钱就变坏。”可是，事实果真如此吗？婚姻和感情需要双方共同维护，这种维护不但有物质层面的努力，还包括精神的交流和沟通。男人在外面打拼，接触到的是一些比较新的事物，关注的很多东西与工作有关，而女人呢，生活的全部就是家务、老公和孩子，说来说去就是一些柴米油盐、穿衣吃饭的家务琐事，已开始与社会脱节，没有属于自己的东西。可以交流的话题越来越少，久而久之，家庭就会出现一些问题。

爱他爱家庭，一定不要失去自我。要知道，他当时爱上你的时候，是因为你的个性，是因为你是一个很丰富的人，如果你为了他而去改变自己，改变自己曾经吸引他的地方，磨灭自己的兴趣和爱好，那只会离他越来越远。

同时，生活中不是只有爱情，也不是把所有的家务做好，把孩子照顾好，就能美满幸福。丈夫重要，孩子重要，但最重要的还是要享受生活、享受自己的心理和生活空间、享受自己的爱好带来的快乐。

其实，生活本身完全可以过得丰富多彩，谁说四十岁的女人就不能有自己的爱好，只能受制于繁重的家务劳动的呢？只要合理地安排工作与生活，每天为自己腾出一点时间，哪怕只有10分钟，或者半个小时，更或者有时候工作或生活忙得太累了，身与心均疲惫不堪，都有隐居山林的想法的时候，那就向公司请几天假，放下手头的工作，把家务劳动交给丈夫，或者请父母帮忙照看一下，然后拾起自己放弃多年，但一直心心念念的爱好，放纵一下自己的情感，你会发现你的生命又将充满活力。

真正懂得生活的女人是一个丰富多彩、有滋有味的女人，而不是一个整天只知道围着公司或家庭打转的女人。

如果你喜欢旅游，那你可以找几个曾经的旅友，大家可以在一起聊聊哪里的风景比较漂亮，哪里比较适合爬山，天气好的时候，一起走出去亲近一下大自然。那样和平轻松的环境可以让人有极大的放松并找回了昔日与朋友一起游玩的感觉，同时又增长了见识，何乐而不为呢！

如果你喜欢写写画画，尽管你不是专业的，但是只要你有那样的兴趣，每天抽出半小时的时间，并且能坚持下去，那也是一种极好的自我放松方式，说不定还会有意外的收获。

如果你爱好运动，那么把自己的时间分点给这样的业余活动。运动可以让一个人充满活力，在一天的劳累工作之后，挑一个时间，约上几个志同道合的朋友一起做运动去。可以参加俱乐部，也可以去健身中心，或者到公园跑跑步、打打球，都可以让你一天的疲劳得到有效的缓解。只有良好的身体状况，才可以让你的工作和生活更加有效率。

如果你喜欢读书，那不妨每晚睡前抽出点时间，放松自己的心情，拿出自己一直喜欢却没时间阅读的书籍，在一片安静、祥和、轻松、自然的环境里与各位大家的灵魂对话，用心去感受作者笔下流淌出来的文字，去感受故事主人公的命运，在优雅柔美的文字中穿行，在睿智深刻的语言中感知社会、感知人生。

如果你喜欢舞蹈，那就可以找出落满灰尘的舞蹈鞋、搁置已久的运动衣，充满自信地与那群满脸青春的女孩子一起跳出快乐、活泼的音符，勇敢地展现自己高贵、优雅、大方的舞姿。这样不但可以锻炼身体，可以塑造体型，还可以提升气质，更可以让你容光焕发，使生活充满各种乐趣与阳光。

曾经那么向往在海边看日出，觉得太阳喷薄而出的那一瞬间，心灵都会为之一颤。但是少年时必须经过十年寒窗苦读，根本没时间去看；从学校走出来了，又忙着工作、忙着赚钱，即使偶尔经过海边，也只是匆匆一瞥，日出的美妙与震撼始终没有机会去领略。

日出是极具诗意的，就如同一粒种子在黑暗中酝酿、挣扎，以至毅然地长出嫩芽；又如毛虫在艰辛复杂的过程中蜕变为蝴蝶；太阳也同样经历很久的奋斗、摸索，才能最终一跃而出地平线，将黑夜化为黎明。

事实上，日出除了具有可与日落媲美的诗意，更具有令人叹为观止的壮丽：随着旭日发出的第一缕曙光撕破黎明前的黑暗，东方的天幕由漆黑而逐渐转为鱼肚白、红色，直至耀眼的金黄，喷射出万道霞光，最后，一轮火球跃出水面，腾空而起，整个过程就像一个技艺高超的魔术师，在瞬息间变幻出千万种多姿多彩的画面，又怎能不令人叹为观止呢?

然而，生活在高楼林立的都市女人，有过多少观看日出、沐浴晨曦的体验呢?

或许只有寥寥几次吧，比如某个刚下火车的早晨，或偶尔登山观景之时。而更多的人或许一次都没有！每当那个时刻，我们无不蜷缩在被子里，蒙头大睡……即使偶尔起了个大早，忽萌看日出的念头，又能怎样呢？高楼大厦夺走了地平线，都市的晨曦不知从何时起，早已变了质——灰蒙蒙的尘埃，空气中老有黏黏糊糊的感觉，老有挥之不散的汽油味儿……

曾经有人如此断言："从没有看过日出的人，实在是枉过此生了！"既然在都市中没有机会实现自己看一次日出的梦想，那不如趁某一个闲下来的周末，放下身边的一切凡尘俗事，背起行囊出发吧，去感受日出的诗意和壮观，去感受大自然的美妙和伟大。

爱好是各种各样、五彩缤纷的，可大可小，可多可少，不论什么样的爱好，只要是属于你自己的爱好，可能已经被搁置很长时间了，可能已经有些生疏，可能是你盼望了几年但一直没去做的。那么，女人们，把你曾经的爱好拾起来吧，你自己的生活需要多姿多彩，你自己的生活需要你自己去创造、去享受、去感悟。你快乐你享受了，你的家人、朋友才会享受到你的笑声与快乐。

6. 过好今天也就抓住了快乐

尽管历史很长，但人生实在短暂，犹如银河里划过的一颗流星，耀眼但转瞬即逝。生命脆弱，真的不知道会在哪一天停止，何况女人四十岁，已经走到了生命的二分之一。所以，过好今天，享受现实生活每一天是非常重要的。一定要多陪一陪家人，享受一家人其乐融融的幸福；一定要主动联络朋友，享受关心别人后的满足；一定要让自己喜欢的人了解自己的心意，减少心里的遗憾；一定不拖延工作，享受任务完成后的成就感。

谁知道明天，甚至下一分钟会发生什么？很多事情一点都不难完成，只是以前给了自己太多拖延的借口。

从今天起，从现在起，要怀着一颗感恩的心，珍惜并享受每一天。

“明日复明日，明日何其多？我生待明日，万事成蹉跎。”是呀，今日事今日毕，今天的快乐今天享受，今天的痛苦今天解决，何必事事等到明天呢？过好今天才是最重要的呀！那么，我们不妨脚踏实地，来过好今天吧。

（1）记下当天的快乐

养成每天写日记的习惯，记下当天的快乐心情、使你快乐的人物和地点，心血来潮时就拿出来重温快乐时光（日日是好日，年年是好年），留住生活中美好的时光，千万不要将不愉快的情绪留到明天。

（2）“血拼”的快乐

试试每逢星期天，就到超市大肆采购一番，将冰箱装得满满的，以富足快乐的心情，迎接每个星期的第一天。

（3）打扮下一周

用相机拍下自己拥有的每一双鞋子的（长相），贴在鞋盒的显眼处，并于星期天安排好下个星期的服饰搭配，如此就不需要每天一早起床，为当天要穿哪件衣服而伤脑筋，省下来的时间就可以不慌不忙地享用美味的早餐，或花些时间做脸部按摩运动了。

（4）记住每个小快乐

习惯数字带给你的兴奋，利用数字带来的推动力让自己慢慢进步，就算今天比昨天只多做了一两下的仰卧起坐，也能带给你小小的快乐及成就感，毕竟一想到“今天的我将会比昨天更接近保持体型”的目标，那种快乐是无法形容的。

（5）发现新乐趣

每日利用一点时间，打开电脑浏览喜欢的网站，在你吸取无边的知识之余，又可享受比别人早一步发现新知的乐趣。

（6）帮助别人就是快乐

不论是扶老人过马路，在公司里帮同事们一点点小忙，或是在办公室制造欢乐气氛，都算是好事，这会使你一整天都拥有一个快乐的好心情。

（7）为今天确定主题

依照你喜欢的方式，为自己精心计划今天的特定主题，譬如是打球日、逛街日、约会日、睡觉日、学习日，积极快乐地享受每一天。

（8）今天大扫除

你一定有过有时发现家中某种东西不翼而飞，但日子久了也就不了了之，然后无意间在今天的打扫中它突然出现在你眼前，那种在家寻宝失而复得的心情真的很开心！而且定期清理杂物和旧物，让家里窗明几净，空气流通，也有除旧迎新增加能量的功效，有时还会有不大不小的意外的收获。

（9）确定目标

专家说过，没有设定目标的人，就永远达不到目标。将你的理想、目标视觉化，以图片的方式，剪贴在硬纸板上，有空就拿出来欣赏，图片看多了，可以刺激我们努力地去达成某个目标，让你早日享受梦想成真的满足感。

（10）找回记忆

你一定很怀念小时候等待过年的兴奋心情，因为只有在过年时才有足够的压岁钱，可以买心中很想拥有的东西。长大后的我们可以随时买到自己需要的东西，已经完全不懂得珍惜自己身边拥有的，也忘了什么叫得来不易。不妨训练自己在发薪水的那个星期才购物，平常的日子便感受一下节制的乐趣，找回那份童年的记忆。

（11）享受早起

今天一大清早起床，感觉一下众人皆睡我独醒的优越感，早睡早起，头脑清醒精神爽，心情自然也会快乐舒畅。试着培养早起一小时的好习惯，你不但会多了宝贵的宁静时间及充裕的精力，你也一定会爱上那早晨恬静清新的感受。

（12）储蓄的快乐

买个漂亮的小猪储蓄罐放在你的办公桌上，作为你旅游、买大衣或做善事的基金来源，每天喂它一次，会带给你细水长流的快乐。

（13）付出的快乐

为自己买棵小盆栽或养个小动物，它会使你心情愉快，而在你的悉心照顾下，看着它一天一天的长大，你一定会体会到经过付出而获得收获的快乐。

（14）珍惜天伦之乐

家人永远是你最重要的精神支柱，好好珍惜及培养和他们的感情，定期为自己安排喜欢的家庭活动，有了家人亲切的支持，做起事来必定更加起劲。不跟父母同住的朋友们，平日虽然不能常抽空见他们，下班后可别忘了打个电话问候他们。

（15）享受音乐

辛苦工作后，利用短暂的休息时间，听听自己喜欢的音乐，好好地奖赏自己一番，陶醉在优美的音乐旋律中，就算是只有短短的10分钟时间，也能帮你松弛疲劳，带给你不可思议的美妙感受。

（16）过好周末

在不用上班的日子里，你也可以过得既浪漫又有效率，如果不想让假日空白，平时就应该做好休假的规划，利用周末的时间，做你平日想做又一直没有时间做的事，让自己过一个既有价值又丰富多彩的周末。

（17）爱上想像

人类的潜能是非常奇妙的，好好运用我们的第六感和意志力，乐观进取地想着经过努力后所带来成功的美好情景，让自己经常有着正面的思想，它会在不知不觉中使你越来越接近成功。

（18）学会分享与分担

经常跟爱侣分享生活中的点点滴滴，在对方沮丧或不开心时给予适当的安慰与关怀，不但能使彼此之间的爱情更加滋润，更可激励我们不断向上。

（19）记住快乐

乐观的人容易遇上有趣的事，如果你常常不开心，可能你已忘了快乐的节奏感。只要你常到使你快乐的地方，再花点心思，留意周围的事物，你不难发现一些令人开心的事物，其实快乐是无处不在的，只是一直被我们忽略了！你一定听说过，笑口常开的人比较容易青春常驻，想要保持青春，就别忘了一定要常保持乐观进取的态度，积极快乐地过好每一天。

正是因为人生短暂，我们才应该时刻保持一种快乐的心情，保持一种怀有希望、愉快、明朗、朝气蓬勃的精神状态，用一颗感恩的心过好每一天，真诚对待每一个人。

7. 品味做一个凡人的快乐

我们本都是凡人，本有自己的幸福与快乐，不必为种种繁文缛节而强迫自己去做那些并不想做的事，不必为别人对自己的种种评价而耿耿于怀，也不必在痛苦、伤心、难过的时候，一边强颜欢笑，一边却在舔着自己的伤口，心里在流泪。凡人，想哭就痛快地哭，想笑就放声大笑，不必有所顾忌，也不必搞得自己身心疲惫，头破血流地去追逐那些如同浮云一般的名与利。40岁的女人们，当你深夜仍在伏案工作时，当你忙完才想起没吃午餐时，不要忘记累了就歇歇吧，让心停止漂泊，回到最真实的状态，做一个凡人吧！

做一个平凡的人真好。因为做凡人不累，做凡人轻松，做凡人自然。做名人固然好，但一般人做不了名人。做名人要有常人没有的条件，比如天生的特长，过人的资质；后天成长的道路，周围的环境，以及成为名人的机遇等等。以上条件是不可缺的，可见做名人之艰难。

其实，做名人很累，因名而累。一个人一旦功成名就为世人所关注，从此开始一言一行、一点一滴，必须有名人的行头、名人的腔调、名人的举止，更要有名人的做派。否则，名人自己也看自己不像个名人，别人就更把自己不当名人了。在一个大众场合，名人都得那么一"拿"，"拿"出名人的派头，"拿"出名人的腔调，左右的人再那么一吆喝，这名人的做派就出来了。水涨船高，人抬人高，名人的身边经常得有"随从"，既要为名人"开道"，还要为名人"护驾"，就是名人去厕所也得有人"陪着”，你说做名人自然不自然？

过去把人分为三六九等，名人很少，除了能“棋琴书画”、“诗琴歌舞”者，能在一个圈子里小有名气外，大多都是为官的人被视为名人。当然，县太爷、知府大人就算一个地方最大的“名人”了。谁要不认识县府大人，那可就是有眼不识“泰山”。当然，哪个人如果被点了举人，胸佩大红花，头戴高礼帽，乘着八抬轿，前呼后拥地衣锦还乡，不仅威风八面，光宗耀祖，还将一日之内成为名人。如果被皇帝看中点了状元，那可就名气冲天，举国扬名了！

自古至今，名人确实不好当，一般人最好还是少做名人梦，少有非分之想，一切顺其自然吧。

做人一定不要太争面子，一定不要虚荣心太强，更不要这山望着那山高，永不休止地好高骛远。其实走在大众中间才是最安全、最踏实、最快乐的旅行者。

做一个凡人，当做梦梦见自己被人前呼后拥，醒来时千万不要当真并且相信。当太阳从东方升起，确认自己看见了红红的太阳，你可以安心做事，因为现在你属于自己，因为现在你正开始你一天的真实生活。真实，其实就是生活中的一点一滴，是琐碎的。

（1）拥有与被拥有是相互的，拥有的越多，被拥有的也越多

比如你买了一辆车子，你拥有了它，但同时你要开始还贷、要保养，出了事故要“替它”负责，你要花大量的时间精力在它身上……那么恭喜你，你也被车子拥有了。

如果你想拥有你自己多一点，那么请你拥有其他东西少一点。

（2）多鼓励

想想自己是喜欢被人鼓励还是喜欢被人骂，你知道答案了吧。又有这样一种情况：一个杀人犯不会从心里说，这完全是我的错，他会给出1万条理由他为什么会这么做，即使这样的人，你批评他他都不认错，那么谁还

会承认自己的错误呢？所以批评别人是没有意义的，因此当你想批评别人的时候，请闭上你的嘴。

（3）少抱怨，或者说千万别抱怨

你向别人抱怨，那么你想从别人那里得到什么？让别人认可你的看法？抑或是同情？其实别人除了对你的厌烦，什么都不会给你。因此抱怨没有任何意义！

（4）少比较

人往往通过比较来获得幸福、悲伤、满足或平静等，要是人人都活20岁，只你活到21岁，那么你是否感到这是幸福的？那么要是人人都活到500岁，而让你活到100岁，你可以接受这个现实吗？可见人们喜欢从比较中得到快乐和满足，但是这样的快乐和满足都是暂时的，无法永恒，因为你不可能是最好的。假设你有1000元钱，A只有100元，那么此时你是满足的，但是当你看到B有10000元时，你就不快乐了，也许明天你有10万元了，或许你又会感到满足，但是当你看到C有100万元时你又不满足了……因此如果你想求一个永恒的心静，得到永远的快乐和满足，那么千万不要和别人比较。

（5）多学习

你想活在人类社会中，那么你就得看书，或者说是学习，学习人类的游戏规则，学习人类的人生哲理，什么样的人可以不看书，世界上只有一个人的时候，一个没有任何欲望，不需要知道一点道理的人，他不需要学习，可惜这样的人是不存在的，因此要记得看书。哲学是必须得学习的东西，要做官就得先做人，要工作也得先做人，做人都做不好还谈什么做官谈什么工作，因此无论如何你得考虑如何做一个人，这就是个人的哲学问题，可以说人类、人类所有的知识都是开始于哲学，最终归结于哲学，其他所有的知识只不过是中间的一个过程。因此记得给自己“写一本哲学书”。

（6）与人为善

人与人之间的关系是一对反作用力，你给别人多少爱，人家也会给你多少爱，你给别人多少恨，别人也会给你多少恨，你对所有的人一视同仁，你对所有的人都心存善意，那么所有的人给你的也是微笑和温暖，所谓“善有善报，恶有恶报”也是这个道理。

（7）学会感谢

感谢生活，感谢身边的每一个人，感谢上天又给了你一天的生活，要有一颗感恩的心。即使明天你要走了，你也要感谢上苍又给了你一天。

（8）少忧虑

要知道医院一半的病床是为精神有问题的人准备的，你永远担心不完你要担心的东西，昨天已经过去了，因此昨天的东西你不必担心了；明天还没有到来，明天有很多未知的因素，那么你有什么好担心的，你根本不知道你担心的事会不会发生；至于今天或者说是现在，你或许可以担心现在的不利因素，但是既然你现在还活着，你还担心什么？还有比是否能够活着更需要担心的东西吗？因此，请不要让心淹没在忧虑的海洋中，更何况有人说85%的忧虑之事都是不会发生的。

（9）少争吵

由于每一个人对事物的认识有所不同，人生观、世界观的不同，导致了人与人之间会产生误解，因为不同的人看同一个事物是不一样的，因此，误会和争辩是难免的。而同一个人随着时间的不同，周围环境的变化对事物的认识也会有所不同，这相当于同一个人在山脚时看到的是一个景象，到了山顶看到的会是另一个景象。因此，我们不能强求别人的想法和看法都和我们一样，也没有必要去争辩或争吵。

（10）想了就去做

很多事情其实很多人都想到了，但是做的又有几个呢，因此成功的人也就没有几个，比如环境保护，很多人都有好点子，但真去做的又有几个人呢？因此想与想并做是有本质区别的。能去做固然是好，且让我们暂时称此类人为勇者吧，但是"勇而无礼则乱"，也就是说有勇气固然可嘉，但是做事单凭一股冲劲是不够的，还需要什么呢？礼。何谓礼，即良好的内心修养，说到修养那就多了，但总的来说有谨慎的内涵修养是成功的勇者所需要的，也就是说做事得三思而后行也！

（11）莫生气

人生恰如一场戏，生气的时候想想，你生气你能得到什么，除了自己不开心，旁人不开心，还会有什么收获呢？

（12）莫撒谎

一个人若撒了一个谎，那么就意味着他要圆谎，当他圆谎时，他势必又得说个谎话。周而复始，为了圆一个谎言，他就得说无数个谎言，但是天网恢恢，疏而不漏，总有一天谎言要被戳穿，那么何必一开始就要说谎呢？而且说谎本身不是个轻松的事，要是你觉得说谎不累的话，可以一试。

（13）助人莫求谢

当别人帮了你，但从此以后天天在你的耳朵边说，我帮了你，要是我不帮你，你会怎样怎样。时间一长你的心里会怎样想？厌烦与厌恶肯定油然而生。

（14）有付出才有收获

世界上每个人的付出总和等于得到的总和，即A得+B得+C得……=A付+B付+C付……但这不能说A付=A得，而实际上相等的几乎是没有的，因此对一个个体来说当一个人付出很多而得到很少时，不必抱怨，也不用想不通，因为别人得到多了，你必然得到的少，因为总量只有这么多！

把自己看作凡人吧，更为关键的是保留一颗平常的心！

把自己看作凡人了，那么由于膨胀的欲望不能满足所产生的痛苦就消失了。人生在世，碌碌无为不行，必须要孜孜进取，但是要做到淡泊名利，宠辱不惊看庭前花开花落，去留无意观天上云卷云舒。对名利的过度追求，就会沦落到人心不古的烂泥深潭。试想，求名的，何时为止？全球第一可只有一个啊。求利的，多少钱为止？当对金钱的贪婪仅仅是化作数字的游戏，人收获的不一定是幸福。看看那些可悲的沦为阶下囚的贪官，几百万几千万了，还是贪，欲壑难填。可是，取时只恨聚无多，等到人陷囹圄，发现对金钱的贪婪其实是人生的悲剧。还是那句话，金钱可以买来房子车子，可是永远买不到的是人的幸福感。

人在世上，更重要的是幸福感。出了名的，发了财的，升了官的，帝王将相，才子佳人，凡夫俗子，面对人生的短暂都是一样的。有句话说得好：走过坟墓，我们将会平等地站在上帝的面前。

8. 不妨让自己多呆一呆

你可能早就发现了，心情不好时，看部喜剧电影大笑一场，沮丧的心情就会平复许多。我国民间有句俗语“笑一笑，十年少”，一个人如果能笑口常开，那么你的情绪、你的健康一定会变得更好。

人是精神和肉体的统一体，身心之间有明显的相互作用。因此一个人情绪的好坏就会直接影响他的工作、生活和身体健康。从医学上来看，笑是心理和生理健康的反映，是精神愉快的表现。笑能消除神经和精神的紧张，使大脑皮质得到休息，使肌肉放松。特别是在一天紧张工作之后，说个笑话，听段相声，大脑皮质出现愉快的兴奋，有利于消除疲劳，放松情绪。

欢笑还是一种特殊的健身运动。人一笑便引起面部、眼、口周围的表情肌和胸腹部肌肉运动。“捧腹大笑”时连四肢的肌肉也一起运动，从而加快了血液循环，促进全身新陈代谢，提高抗病的能力。

笑对呼吸系统有良好的保健作用，随着朗朗笑声，胸脯起伏，肺叶扩张，呼吸肌肉也跟着活动，好比一套欢笑呼吸操。同时，哈哈大笑还能产生“出汗、泪涌和涕零”之效果，起到促进汗液分泌，清除呼吸道和泪腺分泌物的作用。笑是一种最有效的消化剂，愉快的心情能增加消化液的分泌，欢声笑语可促进消化道的活动，使人食欲大增。

笑还具有祛病保健、抗老延年的功效。伟大的生理学家巴甫洛夫认为：“愉快可以使你对生命的每一跳动，对生活的每一印象易于感受，不管躯体和精神上的愉快都是如此，可以使身体发展，身体强健。”而美国出版的《笑有益于血液——幽默的医疗作用》一书中列举了笑能治疗多种疾病的科学道理，指出：笑能缓解颈部肌肉的紧张度，所以对头痛病特别有效。比如著名化学家法拉第因用脑过度，年老时经常头痛，他受“乐以治病”的启发经常去看喜剧，每次都捧腹大笑，最终头痛病竟不治自愈。

美国记者卡曾斯得了一种在目前医学上难以治疗的疾病，他也是在一次因为看喜剧片大笑镇痛的实践下，自己拟订了“看喜剧影片——笑——吃饭——睡觉——笑”的“治疗”方案，经过一段“治疗”病情大有好转，10年后他已是个完全健康的人。我国评剧名演员新凤霞在谈起情绪与疾病和健康的关系时，深有体会地告诫人们“不生气”是保健的秘诀。

大笑虽然未必能让你“十年少”，但却可以舒缓你的情绪，给你精神上的放松和愉悦。当你感到情绪不佳时，不妨多找些可笑的电影看看，或听听相声，让自己的不愉快在笑声中得到释放。

9. 抛下重负开始减法生活

最近几年，都市里开始流行减法生活，所谓的减法生活就是把生活尽量简单化，因为不停的追逐，不断的索取已经让人喘不过气来了，是该抛下重负，回归简单的时候了。

一位四十岁的成功女人对朋友说："我觉得很累，生活真没劲！刚毕业的时候，什么都没有，但却很快乐。现在什么都有了，但快乐却没了！"这位女士说出了很多同龄人的心声，生活就是这么矛盾，好像拥有的越多，心就越疲惫，既然如此，为什么不让自己生活的简单一点，让你的心自由一点呢？

所谓的简单生活，应该有两个方面的涵义。一个是我们可以利用简单的工具，完成我们的工作，像狗一样，直线扑击兔子。另一个就是我们的生活态度可以简单一些，可以单纯一些，主要是对物质的要求简单一些，就是像狗一样，有根骨头啃啃就足矣，而把更好的心情和体验留给大自然，留给自己的心性和自己真正想要的生活。

这个世界本来就是多极的，有人喜欢奢华而复杂的生活，有人喜欢简单甚至是返璞归真的生活。当人性中的浮躁逐渐被时间消解了的时候，人们似乎更喜欢简单的生活。这是一种趋势。于是，我们可以看到中国首富刘永行只穿30元一件的衬衫。

衣食住行一直是人们企图高度满足的四个方面。只是眼下无论在西方还是在东方，总有一些人，不仅对物质的要求变得简单，住简单而舒适的房子，开着简单而环保的车……而且处理现实的工作时，也在追逐简单而实用的方式，用现代科技带给现代人的简单工具，“修改”着自己的工作和生活，出门带着各种银行卡，走到哪里刷到哪里，揣着薄薄的笔记本电脑，走到哪里工作到哪里，甚至在厕所里也可以打开电脑处理一些日常工作……并从这些简单中得到无限的乐趣。

不过，人们为了追求简单的生活，往往会付出很大的代价。首先，是精神上或观念上的代价。中国改革开放二十多年来，一些人突然富有起来，但是富起来的人面对眼花缭乱的财富时，就有点手足失措，有些人竭力去追求奢华，似乎想把过去贫困时期的历史欠账找回来。社会学家对这一时期“奢华”的解释是，中国人过去太穷了，“暴吃一顿”也算是一种心理补偿。每个正在发达的社会都会有这一阶段，就是暴发户被大量批发出来的阶段，是一个失去了很多理性的阶段。到了现在，社会理性逐渐恢复，人们对生活和消费也逐渐变得理性。追求简单的生活方式，就是一些为了格调而放弃奢华的人的重新选择。

另一个代价就是人们在技术上的投入代价。为了满足人们日益追求简单生活的需求，那些抓住一切机会创造财富的商人们都付出了极大的开发成本。如电脑厂商把电脑做的越来越小，这种薄小是需要付出较大研发成本的。

很多看起来简单的东西都是人们花费了很多心血折腾出来的，是这些人的心血让我们的生活变得简单而开阔。

节奏紧张的现代社会，各种各样的压力让人苦不堪言。像“我懒我快乐”、“人生得意须尽懒”等“新懒人”主张的出现，就一点不奇怪了。“新懒人主义”本着简洁的理念、率真的态度，从容面对生活，探究删繁就简、去芜存菁的生活与工作技巧。

一本《懒人长寿》的国外畅销书中说，要想获得健康、成就与长久的能力，必须改变“不要懒惰”的想法，鉴于压力有害健康，应该鼓励人们放松、睡点懒觉、少吃一些等。其主要观点是，“懒惰乃节省生命能量之本”。我们以为，这不但是养生观念，更是成功理念。

“我懒我快乐”的懒人哲学，即使无力改变这劳碌社会的不理智、不健康倾向，起码亮出了一份鲜明有个性的态度——懒人控制不了整个社会，却能控制自己的欲望。古人说：“从静中观动物，向闲处看人忙，才得超尘脱俗的趣味；遇忙处会偷闲，处闹中能取静，便是安身立命的功夫。”

当你渐渐长大的时候，你很羡慕你母亲结婚时的那套瓷器。那套瓷器放在玻璃橱里，只有擦灰时才拿出来。“总有一天这些都会成为你的。”母亲说。在你新婚时，母亲把那套精美的瓷器送给了你，但你已不想要那些东西了，因为它们须得小心照料才行。于是，你把这瓷器转送给你的朋友，她们高兴极了，你呢，则省掉了一堆活计。

你把这故事告诉一个邻居，他说：“你正好给我出了个好主意！”第二天他拿了把铁锨，去挖屋前面的草地。你不相信自己的眼睛：“这些草你要挖掉吗？它们是多么难得，而你又花了多少心血啊！”

“是的，问题就在这里。”他说，“每年春天要为它施肥、松土，夏天又要浇水、剪割，秋天要再播种。这草地一年要花去我几百个小时，谁会用得着呢？”现在，他把原先的草地变成了一片绿油油的山桃，春天里露出张张逗人爱的小脸。这山桃花用不了多大精力来管理，使他可以空出身子干些他真正乐意干的事情。

把要你负责的事情分成许多容易做到的小事，然后，把其中一部分委托给别人。

去除那些对你是负担的东西，停止做那些你已觉得无味的事情。这样你就可以拥有更多的时间、更多的自由，在简单的生活中找到属于你的快乐。

10. 四十岁女人不与孤独同行

四十岁的男女都会有一些孤独感，只不过女人的感觉更敏锐，她们对孤独的感受也就更深刻一些。孤独是一种毒品，一旦沉溺其中就会产生严重后果，它会让你丧失进取心，无法与人顺利交往，因此你一定要超越孤独、驾驭孤独。

孤独与寂寞不同，寂寞会在一群人的喧闹中消失得无影无踪，但孤独却赶不走，因为它是在你的心灵深处。

事业成功的四十岁女人很孤独，事业的成功改变了人的地位，也拉开了她与丈夫、亲友的距离，她们常常会有“高处不胜寒”的孤独。事业不成功的女人也孤独，她们即使拥有幸福的家庭，也常常会觉得自己是有缺憾的，看着顶着“女强人”光环的同龄人们，心里的孤独感也就更加强烈。四十岁的已婚女人也孤独，尤其是那些婚姻不幸或对婚姻不满的女人，她们的孤独更加刻骨铭心。

孤独是人生的一种痛苦，尤其是内心的孤寂更为可怕。一些孤独的女人们远离人群，将自己内心紧闭，过着一种自怜自艾的生活。甚至有些人因此而导致性格扭曲，精神异常。

有一个女人，两年前丈夫去世了，她悲痛欲绝，自那以后，她便陷入了一种孤独与痛苦之中。“我该做些什么呢？”在丈夫离开她近一个月后的一天，她向医生求助，“我将住到何处？我还有幸福的日子吗？”

医生说：“你的焦虑是因为自己身处不幸的遭遇之中，四十岁便失去了自己生活的伴侣，自然令人悲痛异常。但时间一久，这些伤痛和忧虑便会慢慢减缓消失，你也会开始新的生活——走出痛苦的阴影，建立起自己新的幸福。”

“不！”她绝望地说道，“我不相信自己还会有什么幸福的日子。我已不再年轻，身边还有一个11岁的孩子。我还有什么地方可去呢？”她显然是得了严重的自怜症，而且不知道如何治疗这种疾病，好几年过去了，她的心情一直都没有好转。

其实，她并不需要特别引起别人的同情或怜悯。她需要的是重新建立自己的新生活，结交新的朋友，培养新的兴趣。而沉溺在旧的回忆里只能使自己不断地沉沦下去。

许多四十来岁的女性总是让创伤久久地留在自己的心头，这样她们的心里怎么也难以明亮起来。实际上，只要自己能放下过去的包袱，同样可以找到新的爱和友谊。爱情、友谊或快乐的时光，都不是一纸契约所能规定的。让我们面对现实，无论发生了什么情况，你都有权利再快乐地活下去。但是，你必须了解：幸福并不是靠别人施舍，而是要自己去赢取别人对你的需求和喜爱。

让我们再来看这样一个故事。

一艘游轮正在地中海蓝色的水面上航行，上面有许多正在度假中的已婚夫妇，也有不少单身的未婚男女穿梭其间，个个兴高采烈，随着乐队的拍子起舞。其中，有位明朗、和悦的单身女性，大约四十来岁，也随着音乐陶然自乐。这位单身妇人，也和前面的那位朋友一样，曾遭丧夫之痛，但她能把自己的哀伤抛开，毅然开始自己的新生活。

有一段时间，她很难和人群打成一片，或把自己的想法和感觉说出来。因为长久以来，丈夫一直是她生活的重心，是她的伴侣和力量。她知道自己长得并不出色，又没有万贯家财，因此在那段近乎绝望的日子里，她一再自问：如何才能使别人接纳我、需要我？

她后来找到了自己的答案——要使自己成为被人接纳的对象，就得把自己奉献给别人，而不是等着别人来给自己什么。想清了这一点，她擦干眼泪，面带笑容，开始忙着工作。抽时间拜访亲朋好友，尽量制造欢乐的气氛，却绝不久留。没多久，她开始成为大家欢迎的对象，时有朋友邀请她吃晚餐，或参加聚会，处处都给人留下美好的印象。

后来，她参加了这艘游轮的“地中海之旅”。在整个旅程当中，她一直是大家最喜欢接近的人。她对每一个人都十分友善，但绝不紧缠着人不放。在旅程结束的前一个晚上，她的身旁是全船最热闹的地方。她那自然而不造作的风格，给每个人都留下深刻印象，并愿意与之为友。

从那时起，她知道自己必须勇敢地走进生命之流，并把自己奉献给需要她的人。她所到之处都留下友善的气氛，人人都乐意与她接近。

因此一个孤独的四十多岁女性，若想克服孤寂，就必须远离自怜的阴影，勇敢走入充满光亮的人群里。我们要去认识人，去结交新的朋友。无论到什么地方，都要兴高采烈，把自己的欢乐尽量与别人分享。

四十岁的女人如果不想深陷孤独，那么就要学着主动敞开心扉，多与人交流、沟通，多找一些事情来做，让自己有所寄托，这样做会使孤独离你而去，心灵也就更加丰盈、更加悠然。一个聪明的女人，就是一个懂得爱护自己、保护自己的女人，她会大声说：做女人真好！然后再细心地保养自己。她绝不放纵自己的身体，所以总是定期做检查，给身体最贴心的照顾，万一身体出现问题，她也绝不会讳疾忌医，而是大大方方地站在医生的面前，让身体以最快的速度恢复健康。她知道健康的女人才有尊严，有尊严的女人才能展现自己的美丽！

第九章　越活越精神：没有了健康一切都无从谈起

一个聪明的女人，就是一个懂得爱护自己、保护自己的女人，她会大声说：做女人真好!然后再细心地保养自己。她绝不放纵自己的身体，所以总是定期做检查，给身体最贴心的照顾，万一身体出现问题，她也绝不会讳疾忌医，而是大大方方地站在医生的面前，让身体以最快的速度恢复健康。她知道健康的女人才有尊严，有尊严的女人才能展现自己的美丽!

1. 健康女人的健康生活

二十岁时，没有健康你就会错过很多美丽；三十岁时，没有健康你就无法享受生活；四十岁时，没有健康你也就没有了一切！

健康对于职业女性，是事业成功的必要保障，一个终日病恹恹的女人根本无法在竞争中生存；健康对于美丽女人，是永葆娇艳的灵丹妙药，健康比世界上任何一种化妆品都更有效，健康的女人才能拥有幸福的生活。

女性健康的标准是什么呢？没有疾病就是健康吗？世界卫生组织给健康制定了一个标准，女性朋友不妨自己对照一下。

他们把健康分为躯体健康和心理健康两方面。

躯体健康可用“五快”来衡量：

①吃得快：进食时有良好的胃口，不挑剔食物，能快速吃完一餐饭。这说明内脏功能正常。

②走得快：行走自如，活动灵敏。这说明精神充沛，身体状态良好。

③说得快：语言表达正确，说话流利。这表示头脑敏捷，心肺功能正常。

④睡得快：有睡意，上床后能很快入睡，且睡得好，醒后精神饱满，头脑清醒。这说明中枢神经系统兴奋、抑制功能协调，且内脏无病理信息干扰。

⑤便得快：一旦有便意，能很快排泄完大小便，且感觉良好。这说明胃肠功能良好。

心理健康可用“三良好”来衡量：

①良好的个性：情绪稳定，性格温和，意志坚强，感情丰富，胸怀坦荡，豁达乐观。

②良好的处世能力：观察问题客观现实，具有较好的自控能力，能适应复杂的社会环境。

③良好的人际关系：助人为乐，与人为善，与他人的关系良好。

怎么样，你健康吗？如果你的健康达不到标准，那就该去好好查一下，看看到底是哪里出现了问题。

健康的女人要有健康的生活方式，千万不要染上吸烟等不良习惯。如今是一个崇尚炫酷的时代，于是引领时尚的都市“宝贝”们纷纷扔掉了淑女的含蓄与文雅，改以香烟来显示自己的另类，吸烟可能是给她们增添了一种冷艳的风情，但也在不知不觉中带走了她们的健康。

我们先不谈“酷”女人们被烟熏黄的玉指和贝齿，被烟损害的冰肌雪肤，只谈谈吸烟给女性带来的实质问题。你知道现在女性肺癌已经跃居癌症死亡榜首位了吗？据上海某卫生机构的一项研究资料显示，女性恶性肿瘤的发病率为279/10万，比前几年明显上升，而肺癌则是女性癌症发病的第二位和死亡的第一位，其直接原因就是主动吸烟和被动吸烟的人数增加。

世界卫生组织曾向全世界宣布，烟草是严重威胁人类生命的世纪瘟疫，容易引起癌症、冠心病、中风、慢性支气管炎和肺气肿等多种疾病，烟草杀死1/3吸烟者，1/2吸烟者只能健康生存到50岁。

现在市面上出现了许多长过滤嘴和低焦油的女士香烟，很多女烟民都受此误导，以为女性香烟可将吸烟的危害降到最低。其实烟草中致癌性最强的物质是苯并芘，它与黄曲霉毒素（霉变食品中的物质）和亚硝酸盐（腌制食品中的物质）并称为世界三大致癌物质，加长滤嘴、减低焦油含量并不能减少其产生。其次是一氧化碳，它是由于吸烟时烟草燃烧的不完全而产生的，也是煤气中毒的元凶。人体吸入以后可导致组织缺氧，长此以往基因突变的几率增加，纠正的几率减少，正常的细胞癌变的风险升高。

聪明女人既不会培养吸烟嗜好，也不会为了显示另类风韵而吸烟。

健康是女人演绎风情和魅力的直接载体，健康生活是女人理智与情感的完美结合，女人最大的幸福就是做一个健康女人，过一种健康生活。

2. 面对妇检请别走开

很多女人都对妇科检查充满了惊惧和迷惑，有了闲钱她们宁可去做美容也不愿去做妇检。她们关心自己的容貌比自己健康多吗？其实也未必。只不过是对检查本身的尴尬和对妇检程序的迷惑，让她们不敢走进妇科的大门。

躺在检查床上，脱下裤子，分开双腿，让陌生的白衣人探量自己最隐秘的部位。这是妇科检查最常规的步骤。但你能坦然接受吗？

无论如何，妇科检查对每个女性来说，都充满了惊惧和迷惑。除了尴尬于检查本身外，更多的则是畏于人言。

其实，女性朋友大可不必在意这一点，因为性别的差异在医生眼中其实毫无隐秘可言，医生在为病人检查生殖器官时，完全是用科学眼光和专业的态度，根本不会想到别的问题上。因而在医生面前不好意思，忸怩、恐慎更是完全没有必要。

妇检不是要等到有了问题才去做，而是要为了预防出问题而做。如果你身体没什么毛病的话，一年也应该检查一次，这样做是对你的身体负责。

那么检查前我们要做些什么呢？首先要弄清楚你希望找的妇科大夫在哪一天、是上午还是下午坐诊，最近3个月的月经结束的日子一定要记住。在包里放个记事本，把检查的日期、内容和医嘱都做个记录。尽量不要在月经时去做妇科检查，检查前要保证个人卫生，可以洗澡，但24小时内不要冲洗阴道里面，有的女性为了表示对医生的礼貌，专门进行冲洗，结果把不正常的分泌物冲洗掉了，影响了检查结果。另外，检查前如果有尿意，一定要去洗手间，膀胱里充盈着尿液会影响检查。

检查时穿什么？

如果穿裤子，上衣就应该穿件T恤衫或无领衫。如果穿了短裙，检查时把裙子提上去就可以了。至于内衣就无所谓了，没有必要换上考究漂亮的内衣，大夫根本不会注意看。

检查时怎么提问？

为了不浪费时间，你最好把你所有的问题都想好，直截了当一些，不要拐弯抹角。医生不会透视心理，他们可猜不出你心里在想什么。

找家人陪同。

做妇检时家人的意见很重要。如果是去做孕检，你总得把参与有份的他拉上吧。毕竟还是要有人乖乖地守在妇科产房外，胆战心惊地等候那激动的时刻。

进入检查室。

在检查室内，通常会有一张检查台，检查台上有一个凸起的头靠和专门的搁脚架，便于你将脚放上去。

无论你是进行巴氏试验、性病检查还是刮宫，程序都差不多。都是要从大夫与病人之间的问与答开始的。具体问题如：第一次来月经是什么时候？两次月经之间的间隔时间有多长？你的经血量较少、适中还是较多？上一次来月经是什么时候？以前怀过孕吗？

经过问诊后，就要到另外一间诊室去，在这里脱掉衣服，先进行一般性检查，然后根据你自己描述的症状，可能需要接受体内检查。

躺在检查床上，你必须把小腿放在支架上，使自己仰靠在床上，然后医生会要求你的臀部顺着床向下滑。你会开始紧张，甚至会发抖。这时要深呼吸，让自己放松下来，同时也要把感觉告诉医生，只有让医生知道你的感受，才会对你进行特别的照顾。通常此时医生会和你聊天，以分散你的注意力。

你会第一次看到鸭嘴形状的阴道窥镜。大夫把阴道窥镜放在热水里温一下，在窥镜顶端涂上凡士林，将合着的鸭嘴伸进阴道，这么冰冷的一下真不舒服。如果需要的话，大夫会将你的分泌物送到化验室化验，一般是用一个小木刮子，轻轻地在阴道壁或子宫颈口刮一下。

然后医生会戴上一副很薄的塑料手套，涂上凡士林，慢慢地将一个或两个手指伸入阴道，另一只手放在下腹部用力往下压。当大夫手触到深处时，会有点疼，如果很疼，就说明有问题。

检查结束后，你穿衣服的时候，大夫会把检查结果记录在病历本上，这是请大夫解释检查情况的最好时机。有些大夫不善言谈或者用一些难懂的医学术语解释，不要不好意思请大夫再解释一下。

为了使这次妇科检查达到良好的效果，一定要牢记大夫的劝告，严格按照医嘱办事，如果以后身体出现不适感或丢了处方，或者出现什么副作用，一定不要自己乱来，要及时再来找大夫。

近些年来，女性病的发病率很高，所以为了健康起见，你还是应该定期去做妇检。妇检可以帮你保持健康，是一道女性的“护身符”。女性朋友们要珍爱自己的健康，面对妇检请别走开。

3. 于细节处保养你的健康

每个女人都爱护自己的健康、自己的身体，她们平时也很注意养生保健，吃的科学均衡，运动强度也适中，可惜很多女人在生活习惯上存在一些误区，这些小细节看起来不起眼儿，却给女人的健康带来了极大的危害。

下面就是一些生活中常被女性忽略的小细节：

生活中许多女人不是按时就餐，且有相当一部分女人不吃早餐，她们希望通过不吃早餐来控制体重，其实这样做对你的瘦身计划不会有任何帮助，还会使你患上胆结石之类的疾病。还有人说自己就是“不饿”。其实，食物在胃内仅停留4～5小时，感到饥饿时胃早已排空。胃黏膜这时会被胃液“自我消化”，引起胃炎或消化性溃疡。饮食规律、营养均衡是养生保健必不可少的物质基础。

平时不喝水、口渴时才饮水的人相当多，不要忘了“女人是水做的”，没有了水女人也会失去应有的娇艳。有些女人也许会说“不渴喝什么水啊”，她们不了解渴了是体内缺水的反应，这时再补充水分为时已晚。水对人体代谢比食物还重要，生理学家告诉我们，每个成年女人每天需饮水1500毫升左右。晨间或餐前一小时喝一杯水大有益处，既可洗涤胃肠，又有助于消化，促进食欲。据调查研究，有经常饮水习惯的人，便秘、尿路结石的患病率明显低于不常饮水的人。

许多女人误以为累了是应该休息的信号，其实是身体相当疲劳的“自我感觉”，这时才休息已为时过晚。女人身体过于疲倦时皮肤就会变得粗糙，油腻，不仅如此，过度疲劳还容易积劳成疾，降低人体免疫力，使疾病乘虚而入。不论是脑力还是体力劳动者，在连续工作一段时间后，都要适当的休息或调整。

困倦是大脑相当疲劳的表现，不应该等到这时才去睡觉。按时就寝不仅可以保护大脑，还能提高睡眠质量，减少失眠。人的一生约有1/3时间是在睡眠中度过的，睡眠是新陈代谢活动中重要的生理过程。只有养成定时睡觉的习惯，保证每天睡眠时间不少于7小时，才能维持睡眠中枢生物钟的正常运转。还有一些女人有熬夜的习惯，她们喜欢凌晨一两点钟睡觉，第二天再晚点起床。其实她们正好错过了最佳睡眠时间。晚上10点到凌晨2点是皮肤自动修复的时间，所以女人在半夜12点之前一定要上床睡觉。

很多女人只在便意明显时才去厕所，甚至有便不解，宁愿憋着，这样对健康极为不利。大小便在体内停留过久，容易引起便秘或膀胱过度充盈，粪便和尿液内的有毒物质被人体吸收，可导致“自身中毒”。因此，应养成按时排便的习惯，尤以晨间为好，以减少痔疮、便秘、大肠癌的发病机会。

随着生活水平的提高，肥胖患者逐日增加。导致肥胖的原因主要是进食过量，营养过剩，缺乏运动。而这几种诱因完全可以在体重超标之前加以预防，如控制饮食，防止暴饮暴食，调整饮食结构，加强体育锻炼。目前市场上还没有理想的减肥药，因此，减肥不如防止肥胖。一些女人平时不注意体重，甜品、高热食品想吃就吃，等到体重超标了才开始着急。早知如此，何必当初呢！

一些女人非常爱护自己的容貌，而对自己的健康问题却大而化之。她们会每周去一次美容院，每天一次小美容，皮肤上的一个小斑点也会让他们忧心不已。而她们的健康却难以享受到同等待遇，一些女人总认为自己的身体不痛不痒的，既没高血压又没冠心病，何必为身体太过费心？事实上疾病应该以防为主，等疾病上身，已经对身体造成危害。疾病到来时都是有信号的，比如人们常说的亚健康状态就是疾病的前奏。平时应该加强锻炼，提高自身抵御疾病的能力，感到身体的亚健康状态，就要引起注意，要把疾病消灭在萌芽状态。

我们知道女人的迷人魅力就来自于那些看似不经意的小细节，发型的美丽，举手投足的优雅，可你是否知道女人的健康往往也有赖于生活中的一些小细节呢！如果你能注意为之，那你就会多一分健康，多一分美丽的风采。

4. 更年期后还得去妇科走走

更年期后，一些女人常常会出现抑郁、情绪波动、尿频尿急、骨质疏松等症状，可这些中老年女性却怎么也想不到要去妇科就诊，原来她们认为，月经没了，又不生儿育女了，也就可以跟妇科说“拜拜”了！这是更年期最大的误区之一，更年期后女性疾病的威胁也加大了，你还得去妇科“走走”！

妇科有许多疾病，如卵巢肿瘤是没有什么症状的，一旦有了并发症，如扭转破裂或恶性肿瘤有了腹水才有症状，到时再治疗已经晚了，卵巢癌在女性生殖器官恶性肿瘤中已占重要位置。其五年生存率在25%～30%，现在仍缺乏早期有效的诊断方法。完全要靠检查及B超来诊断，如果能较早发现尚可提高生存率。否则待有腹腔转移，出现腹水为时已晚。

宫颈癌也是居首位的妇科恶性肿瘤。它的发展由癌前病变——原位癌——浸润癌，可以历时数年，甚至达10年。如在癌前病变或原位癌阶段给予手术治疗，可以完全治愈。如果到浸润晚期效果就差了。女性每隔1～2年进行一次妇科查体是很有必要的。还有不要以为绝经就会让女性与妇科疾病无缘了，绝经是一个女性自然的生理现象，但其发生的内分泌变化则属于病理变化。生育年龄妇女卵巢分泌的雌激素除在生育方面的重要作用外，还参与许多其他器官和系统的内分泌代谢调节，如脑、神经、骨骼、皮肤、眼、血脂、心血管及结肠等。更年期卵巢功能衰退的结果不仅会出现失调直至生育功能结束，还会因雌激素缺乏导致全身多样症状，比如雌激素的减少使增加冠心病危险的胆固醇及低密度脂蛋白明显升高。有权威统计数据表明，女性中年以前的心血管疾病猝死发生率只有男性的三分之一，而六十岁以后，女性的这一情况达到甚至超过了男性的发生率。

在越来越多的女同胞认同大把大把吞服钙片是一种自我保健良方的同时，她们对如何安然度过更年期后，女性的“多事之秋”仍显得一无所知。以骨质疏松、髋骨骨折为例，事实上惟有接受“激素替代疗法”，即适量地补充雌激素，才有可能“遏制”本来已大大加速的骨质丢失。

更年期后其实是女性的“多事之秋”，从这一刻起，女性的健康大不如前了，所以才更需要保护。多关心自己、多爱护自己，更年期后你还可以绽放美丽的光彩！

5. 警惕女性健康杀手——乳腺癌

乳腺癌已占女性恶性肿瘤的首位，是不折不扣的女性健康杀手，女性朋友必须对乳腺癌提高警惕，维护自身的健康。

乳腺癌多发生于更年期妇女群中，这可能是与更年期女性内分泌混乱有关。虽然我们还弄不清乳腺癌的真正病因，但以下因素通常与乳腺癌发病密切相关：

①有乳腺癌家族史，尤其是母亲或姐妹患乳腺癌者；

②曾患囊性乳腺增生病，尤其是乳管内含活跃的乳头状瘤者；

③月经初潮小于12岁，绝经年龄大于55岁，行经年限超过35年者；

④已婚未育，已育未哺乳者；

⑤大龄未婚、未孕，第一胎足月产时年龄在35岁以上者；

⑥胸部多次X线透视或多次拍胸片者；

⑦曾患月经失调或子宫内膜癌者；

⑧肥胖，尤在绝经后肥胖者；

⑨乳房有良性疾病，如乳腺纤维瘤治疗手术后及乳房有疤痕者；

⑩长期服用雌激素者。

那么乳腺癌都有哪些症状呢？

乳腺癌病人大多无自觉症状，往往在无意之中触碰乳房后发现肿块，肿块大多无疼痛感。有的妇女在洗澡时扪及肿块或看到乳房皮肤有凹陷。有的病人乳头有溢液、溢血或乳房皮肤有渗血。有的病人乳头上有湿疹性病变。若乳腺癌肿瘤生长快时可溃破皮肤而糜烂。当癌肿阻塞淋巴管时可出现乳腺侧上肢肿胀。晚期乳腺癌病人可在腋下扪及团块状淋巴结，有的晚期病人在锁骨上也能扪及淋巴结。

乳腺癌也是可以预防的：

①提倡晚婚晚育，第一胎生育年龄最好在35岁以下；

②提倡母乳喂养，预防乳腺炎；

③鼓励患有乳腺良性疾病的妇女采用非激素类药物避孕；

④调整饮食，控制体重增长，多吃植物蛋白及植物脂肪；

⑤更年期妇女应在医生指导和监护下使用激素替代治疗。

此外，我们建议女性多做乳房自查，自查乳房方法简单易操作，贵在坚持。具体方法如下：查右乳房时，平卧床上，右肩部用枕头垫高，使乳房放松平摊于胸壁上。左手手指并拢，平放在右乳房上，用左手手指端的指面从乳房边缘的外上方开始，以乳头为中心，逆时针方向依次触摸乳房外下、内下和内上方，检查一圈回到原处。手指向乳头靠近3厘米，再依次检查一圈，一般检查三圈，使乳房每个部位都被摸到。再轻轻挤压乳头和乳晕，观察有无溢液，并观察溢液颜色。同法检查左乳（顺时针方向触摸）。有月经的妇女，最好在每月月经干净后检查乳房，此时最易发现肿块。绝经妇女也应定期自查。

乳房既是女性的标志，也是女性美丽的一种体现，因此女性朋友都要学会爱护你的乳房，让自己健康自信地享受生活。

6. 无“炎”的女人最美丽

阴道炎其实是妇科的一种常见疾病，可是由于患病部位的特殊性，很多女人就把它视为一种“见不得人”的病症。这实在很冤枉！导致阴道炎的原因有很多，跟“不讲卫生”、“不洁”并没有必然的联系。现在我们就一起来分析几种主要的阴道炎，希望能让女性朋友们对自身有个新的认识。

（1）滴虫性阴道炎

有一次，晓芙外出时使用了一次公用马桶，过了几天她突然感到白带增多，色黄并有臭味，外阴部有灼热感，同时伴有小便不适。她觉得很难堪，自己明明很讲卫生的，怎么会发生这种事？由于病情开始严重，晓芙只得在姐姐的陪同下去了医院，经妇科医生检查，是患了滴虫性阴道炎。经过治疗很快就痊愈了。晓芙问妇科医生，她的病是怎么得的。医生说：滴虫性阴道炎是由一种叫做阴道毛滴虫的原虫引起的阴道炎症。滴虫隐藏在阴道粘膜的皱襞中，并常在月经前后繁殖，能引起阴道炎症。因此，为了彻底消灭滴虫，必须坚持在月经后继续治疗2～3个疗程，才能使滴虫性阴道炎没有复发的机会。

另外，滴虫不仅寄生在阴道内，还可以侵入尿道、尿道旁腺，甚至膀胱、肾盂以及男性的包皮褶、尿道或前列腺中，因此，当女方患有滴虫性阴道炎时，应暂时停止性生活或使用避孕套，以免相互传染，待滴虫性阴道炎治愈后再恢复性生活。另外，男性配偶也应同时治疗，以消灭隐藏在男性尿道内的滴虫，避免恢复性交时重复感染。

滴虫性阴道炎的传染途径有两个：一个是直接接触传染，也就是通过性交由男性传染给女性。第二个是间接传染。可以经被污染的公用马桶、浴池、游泳池、衣物、坐垫等途径传染。滴虫性阴道炎的治疗以甲硝唑口服和阴道用药同时进行效果较好。治疗标准：连续3次月经后复查白带均未见滴虫才可称为治愈。

（2）念珠菌阴道炎

这是一种常见的阴道炎症，又称霉菌性阴道炎。这种阴道炎多见于孕妇、糖尿病患者、接受大量雌激素治疗者以及长期应用抗生素的治疗者。这种阴道炎的病原体是真菌中的白色念珠菌。念珠菌存在于人的口腔、肠道和阴道粘膜上。这3个部位的念珠菌可互相感染，当局部条件适合时便易发病。霉菌性阴道炎的主要症状是外阴瘙痒、灼痛、白带增多呈奶酪状或豆渣状。在阴道分泌物中查找到典型的白色念珠菌就可以确诊。治疗霉菌性阴道炎的同时要消除引起该病的诱因，并同时给予积极治疗。内裤、浴盆和毛巾均要充分烫洗，通风干燥，以避免重复感染。治疗用药有：2%～4%苏打水冲洗阴道后阴道内放克霉唑栓剂，每日1次，连用7天。当阴道念珠菌检查阴性后，仍应巩固治疗1～2个疗程，以避免复发。

（3）细菌性阴道病

一位名叫小茹的女人把电话打到了妇科。她说自己患上了一种病。天气渐渐热了，大家都换上了夏装，最近她却总闻到自己的下身有一种怪怪的腥臭味，怎么洗也不见减轻，使她不敢与人接近，怕人家嫌她身上有味，但又不好意思去医院。妇科医生耐心地开导了她一番，然后告诉她有病不治才会害了自己，她得的可能是细菌性阴道病，这是一种常见妇科病，没什么丢人的。不久，小茹来到医院，经医生检查她果真患了细菌性阴道病。经过治疗，异味很快消失，小茹的心情也舒畅了。

细菌性阴道病是一种混合性细菌感染引起的病症。由于患这种病时阴道粘膜充血不明显，无炎症病变，因而命名为细菌性阴道病。该病的主要特点是阴道排液量增多，呈灰白色、均匀一致的稀薄白带，有鱼腥臭味。这种病的诊断不困难，在显微镜下找到线索细胞是其确诊的依据。治疗药物以甲硝唑为首选。每疗程7天，最好连续治疗3个疗程。

（4）老年性阴道炎

姜妈妈绝经已经一年多了，平时内裤上干干净净的。这几天她换洗内裤时发现裤底有许多黄色白带，外阴部有瘙痒和灼热感。女儿可欣陪着姜妈妈到妇科做检查。妇科医生检查后说，姜妈妈患了老年性阴道炎。这是由于绝经后的老年妇女因卵巢功能衰退、雌激素水平降低、阴道壁萎缩、粘膜变薄、局部抵抗力降低，使致病细菌容易繁殖而引起的一种炎症。治疗老年性阴道炎之前要注意与子宫的恶性肿瘤进行鉴别，常规进行子宫颈刮片检查。治疗用药的原则以增加阴道抵抗力及抑制细菌生长为主，可用1%乳酸或0.5%醋酸溶液冲洗阴道后在阴道内放置甲硝唑片。阴道炎症较重时，可在阴道内放置乙烯雌酚0.25毫克。7～10天为一疗程。经过治疗，姜妈妈的症状很快消失，内裤又干净如初了。

作为一名女人，你应该多注意对自身的保护，尽量避免使用一些公共卫生用具，一旦发现了问题就要及早去医院咨询就诊，只有身体健康了，你才能尽情享受生活！

7. 别让小病变成了大病

女人应该多关心自己的身体，一旦出现某种问题就要马上就诊，因为有很多疾病如果能得到早期诊断治疗是完全可以治愈的。但如果你不重视却可能会耽误病情，那时后悔就晚了。

外阴肿痛是妇科病的一种，如果是良性肿瘤，确诊之后就可以切除治愈。但专家告诉我们，外阴恶性肿瘤占妇科肿瘤的3%～5%，很多人就是因为对身体不够重视或羞于启齿而耽误了治疗。

那么妇科恶性肿瘤有哪几种呢？

（1）外阴鳞状细胞癌

吴老太今年60岁了，她经常有外阴瘙痒症状，女儿几次劝她去医院检查，但吴老太就是“磨不开面儿”，每次都是自己用花椒水洗洗就扛过去了。这一次吴老太的症状似乎更严重，女儿不由分说地硬把她带到了医院。这时她才告诉医生，自己最近半年来下身经常发痒。有时被抓破，流血水。近一个月来她发现右侧外阴部有一个指甲盖大的硬块，表面潮湿，不疼也不痒，没有在意。妇科医生检查发现，患者右侧外阴部有一个直径1厘米大小的硬结，表面有小溃疡，溃疡表面有黄水状液体。妇科医生马上排除了病变，取了两块组织送病理切片检查。3天后报告结果为外阴部位鳞状上皮细胞癌。妇科医生立即通知患者住院进行了手术治疗。

外阴鳞状细胞癌是最常见的一种外阴癌，约占妇女外阴恶性肿瘤的90%，近年来发病率有所增加，可能与外阴部炎症及病毒感染的增多有关。对于外阴癌的诊断要引起人们的重视。以往，多因为被忽视而耽误病情，因此必须普及卫生知识，让妇女们重视外阴瘙痒及小结节症状的发生，一旦发生，要早日就医。医务人员在做检查时，要仔细检查外阴部，发现可疑应及时做病理切片检查，明确诊断后再治疗。在治疗上以手术切除为主。

（2）外阴恶性黑色素瘤

这种恶性肿瘤较少见，多数由色素痣恶变而来。可发病于任何年龄的妇女，但多数为50岁以上妇女。患者常主诉有外阴瘙痒、出血及色素痣长大等症状。恶性黑色素瘤早期经血管或淋巴转移，恶性程度高。治疗以尽早手术切除为主。由于外阴部黑痣有潜在恶变的可能，一旦发现，应及早切除，以防止恶变。

（3）外阴基底细胞瘤

一般发生于30岁以上妇女，也很少见。主要表现为大阴唇有小肿块，发展缓慢，很少有转移。但经常有多发性病兆同时存在。若在妇女外阴部已发现一个肿瘤，即应检查全身皮肤其他部位有无基底细胞瘤，还要详细检查是否同时存在其他部位的原发癌。比如乳房、胃肠、肺、宫颈、子宫内膜及卵巢等部位。治疗原则是施行较广泛的局部切除术。

（4）前庭大腺痛

本病多发生于老年妇女，特别是60岁以上的妇女。早期无症状，患者因外阴部位发现肿块而来就诊。随着病情的发展，肿瘤可破溃形溃疡或继发感染，引起分泌物增多，有臭味，以及局部刺痛感。因此，如果早期在小阴唇深部触及坚实肿块，经消炎治疗无效，应及早做活检，并进行病理切片检查以明确诊断。治疗以手术切除为主。

除了上述4种外阴恶性肿瘤外，其他还有外阴肉瘤、外阴部转移性恶性肿瘤。外阴癌患者发病前常有多年的外阴瘙痒史。病变的早期常在外阴部发现小而硬的结节，不痛不痒而被忽视。有的可长达两年不发生什么变化。如若被抓破或自行破溃，溃疡面发生细菌感染，则有脓血性分泌物并伴有疼痛，且久治不愈。因此，遇到外阴部久治不愈的溃疡要做病理切片检查以明确诊断。

女人应当抛弃保守的思想，自己的身体健康才是第一重要的，任何时候都不能羞于就医，健康是自己的，幸福是自己的，若为了所谓的“颜面”而伤害了自己的身体那就真的太不值得了！

8. 日常小病自己解决

四十岁的女性终日忙里忙外，常常容易忽略自己的健康，对于自身常常出现异常情况视若无睹。结果小病越来越严重，到头来不但伤害了身体也影响了工作，因此在这里要提醒上班族女性：工作固然重要，但身体的健康也不能忽略呀！

（1）头痛

症状：头常一跳一跳地痛，或好像有东西缠着头部，绞着痛，并伴有眩晕现象。

原因：工作中用眼过度，长时间专注屏幕、睡眠不足、压力太重等都是导致头痛的直接原因。此外，姿势不正确、工作节奏紧张和睡眠太多亦可能引发头痛。

解决方法：放松心情和身体，间或闭上眼睛或到室外做些简易舒展运动。打开窗户让室内空气流通，或者离开办公桌，戴上耳机听音乐。头痛时不要乱吃止痛片，那只会令人对痛的感觉变得迟钝，损伤脑部神经，却解决不了根本问题。

（2）颈、肩部酸痛

症状：颈部僵直、两肩酸麻、精神萎靡不振。

原因：运动少、压力沉重令肌肉紧张，血气运行差，肌肉毛细血管形成淤血所致。

解决方法：当你感到肌肉酸痛、紧张时，最好在每天睡觉前洗个澡，令患处温热。避免长时间采用同一姿势，不要让肩膀受凉，适当地舒缓压力，做适当运动。

（3）腰痛

症状：除了疼痛外，腰部变沉、发胀、变硬，严重者起不了床。

原因：女性较男性易患腰痛病，是因为女性骨盆内器官比男性复杂，脊椎承受的负担过重，较易患腰痛。

解决方法：若是轻微的腰痛，只要按摩或是伸展筋骨即可，并好好休养。若是严重腰痛，不可强力按揉，可以浸浴或以电暖炉敷疗令腰部温暖、血流顺畅。

（4）眼睛疲劳

症状：眼皮沉、刺痛、黄昏时看不清电脑荧光屏上的文字，情况严重者会有想呕吐的感觉。

原因：戴度数不合适的眼镜或隐形眼镜、压力太重、电脑画面与办公室亮度差别太大。此外，眼睛干涩也是导致眼倦的主要原因，因为覆盖眼球表面的泪水分泌少，角膜易受损。

解决方法：避免眼睛干涩，要有意识地眨眼睛，补充泪水。办公室空气太过干燥，应注意选择无腐蚀性眼药水进行点滴。

（5）手足麻痹

症状：手脚变得没有感觉或刺痛，在有空调的房间情况更严重。

原因：肌肉紧张造成。

解决方法：注意椅子和桌子的高度，把椅子的高度调至双手能自然地靠着桌子的高度，应避免手脚直接受风。

（6）慢性胃炎

症状：没有食欲、反胃、进食前后觉得胃下沉。

原因：压力沉重、睡眠不足、暴饮暴食。

解决方法：吃适量胃药并注意充分休息。注意加强预防：①慢慢咀嚼食物；②不偏食，吸取均衡营养；③减缓压力；④避免精神紧张；⑤戒烟戒酒。

（7）便秘

症状：若2～3天没有大便，但没有感到不适，这并非便秘；若只有一天没有大便，却感到不适，这就是便秘。

原因：女性较男性易便秘。便秘会导致皮肤粗糙、心情烦躁，还容易患上痔疮，因此要迅速解决。

解决及预防方法：①多吃蔬菜，吸收食物纤维；②跳绳可锻炼腹肌，帮助排便；③每天清晨喝一杯清水或淡盐水，有助胃肠代谢。吃完早餐后要养成上洗手间的习惯，并注意生活的规律性。

（8）慢性腹泻

症状：发烧、体重持续下降。

原因：压力是导致腹泻的重要原因。

解决方法：若腹泻持续，可能导致脱水。所以要多喝水，补充水分。注意不要喝冷水，并适当吃些止泻药。少吃或不吃煎炸、油腻食物。

四十岁女性一定要掌握一些自我保健常识，多关注自身的健康问题，女性只有拥有健康，才能拥有幸福和美丽。

9. 东西不可乱吃

食物的搭配其实是很讲究的，因为这跟健康有很大的关系，四十岁的女人无论从自身健康还是家人健康的角度，作为“掌勺者”都应给予充分的关注。有的食物搭配在一起会更有营养，但有些食物，如果放在一起食用的话，却会出现问题，轻则有害健康，重则导致疾病或中毒，这可不是危言耸听，有疑问的话不妨往下看。

各种食物所含的营养物质都不尽相同，如果组合不当，就会使食物的营养价值降低。

牛奶、酸乳和乳酪等是含有丰富钙质的食物，不宜和黄豆、菠菜等一齐进食，因为菠菜等含有丰富的食物纤维，会阻碍人体对钙质的吸收。

铜是身体制造红血球的重要物质，可从鱼类、硬壳果、动物肝脏及鸡蛋等食物中吸取；如果把它们和含锌量很高的食物，如瘦肉等混合食用，就会减少人体对铜元素的吸收。含维生素C的食物，如柑橘、橙子、番茄等，也会抑制人体对铜元素的吸收。

为了避免这些相互抑制和阻碍营养素吸收、错误组合而导致营养吸收能力降低，应该将具有相克性的食物分开进食，不得相互搭配或混食，而且进食有相克性的食物，中间应该间隔2～3小时，以便食物中的营养素能全部吸收。

同理，饭后也不宜立即饮茶，尤其吃高蛋白质饮食，即肉、蛋、鱼、奶、海味等。

日常生活中我们把食物错配鸳鸯的现象也屡见不鲜。

如豆浆冲鸡蛋，鸡蛋中的粘液性蛋白能与豆浆中的胰蛋白酶结合，从而使蛋白质失去营养价值；还有茶叶煮蛋，茶叶中除生物碱外，还有酸性物质，这些化合物与鸡蛋中的铁元素结合，对胃有刺激作用，且不利于消化吸收。

还有红白萝卜混吃，这在配菜中常见，也会影响营养素的吸收，因为白萝卜含维生素极高，但红萝卜中却含有一种对抗坏血酸的分解酵素，可破坏白萝卜中的维生素C。不仅如此，在与含维生素C的蔬菜配合烹调时，红萝卜充当了破坏者。红萝卜只有单独或与肉类一起烹煮，才能获得充分的营养。

牛奶是含营养素全面的高蛋白食品，但由于与某些食物搭配不当，降低了营养价值，甚至对人体有害。如牛奶和巧克力都是高级营养食品，但若同时食用，不但毫无益处，反而有害于健康。因为牛奶富含蛋白质和钙，而巧克力含有草酸，如若同食，则牛奶中的钙与巧克力中的草酸，就会结合成草酸钙，影响消化吸收，若长期同食，可造成缺钙和生长发育缓慢。因此，牛奶与巧克力不宜同时食用，但间隔开分别食用则无妨。

还有牛奶忌与果酸较高的水果同食，如橘子含果酸较高，若与牛奶同食，则奶中蛋白质与果酸及维生素C发生复杂的生化反应而凝固成块，这不仅影响牛奶和水果中营养物质的消化吸收，而且还会出现腹胀、腹痛及腹泻，所以，橘子忌与牛奶同食。

根据我国人民长期生活实践经验和现代科学研究证明，有许多食物如果搭配不当或同时进食，有的会降低营养价值；有的会影响食物中营养素的消化吸收；有的会产生对人体健康不利的因素，甚至会引起各种疾病或中毒。根据有关报道综合如下：

（1）肉食类。猪肉忌与菱角或绿豆同食；牛肉忌与栗子同食；羊肉忌与西瓜同食；鸡肉忌与芹菜同食；鹅肉忌与鸡蛋同食。

（2）鱼类。甲鱼忌与苋菜同食；鲤鱼忌与甘草同食。

（3）蛋类。鸡蛋忌放糖精；炒蛋忌放味精；煮蛋不宜放茶叶；豆浆不宜冲鸡蛋；松花蛋忌与红糖同食。

（4）蔬菜类。洋葱忌与蜂蜜同食；豆腐忌与蜂蜜同食；萝卜忌与黑木耳同食；花生忌与黄瓜同食；黄瓜不宜与西红柿同食；红萝卜忌与白萝卜混食；菠菜忌与豆腐同食。

“水果类。海味不宜与水果同食；红薯不宜与含鞣酸的水果同食；白酒忌与柿子同食；马铃薯忌与香蕉同食；香蕉忌与芋头同食；橘子忌与萝卜同食；橘子忌与牛奶同食。

“酒类。酒不宜与咖啡同饮；啤酒与白酒不宜同饮；啤酒忌与汽水同饮；酒不宜与胡萝卜同食；酒后忌大量饮浓茶。

现在你知道了，很多食物都会相克，有害于我们的健康，看来东西也是不能随便乱吃的。

10. 中年女性如何“吃”出健康

有句谚语说，“人生从四十岁开始”。只要认真呵护自己，注意饮食、加强营养，四十岁的女人依然可以美丽动人。

中年女性注意加强营养与饮食保健，是保持健康体魄的重要一环。中年女性每日补充的热量应该与每日消耗的热量相当，如超过了，就会发胖。如果本来就比较胖，超过了标准体重，那么，每日热量的摄入还要略低于消耗的热量。这样可以防止身体发胖，对女人的健康有利。

蛋白质为更新和修补机体细胞所必需，通常每日每千克体重要补充1克以上，以55千克体重的中年女人为例，应至少补充70克以上，随着劳动强度增加，还要相应增多。

维生素是体内一些辅酶成分，这些辅酶参与体内代谢，是人体不可缺少的。矿物质对于内环境的稳定和骨质代谢有极其重要的作用，要多进食一些含维生素丰富的食物，如新鲜的蔬菜和水果。在平日的饮食中，要经常吃一些小米、玉米和糙米。而鱼、虾、蛋中也含有丰富的矿物质可选择食用。

中年女性的生长发育已经固定，糖和脂肪应按占总热量的比例来供给，过多地食入糖和脂肪会造成肥胖，引起糖尿病、血管硬化等疾病。糖和脂肪也不能补充太少。食入过少会使进食无味，不利于营养的吸收。一般来说糖应占消耗总热量的60%～70%，脂肪占20%～30%。以一个体重55千克从事轻体力活动的中年妇女为例，她1天需要的总热量为2400千卡，摄入的糖应产热1440～1680千卡，也就是说要补充384～420克糖，脂肪应产热480～710千卡，也就是说要补充脂肪50~80克左右。

中年女性的饮食应注意以下几个方面：

（1）补充蛋白质

最好食用一些营养价值较高的动物性蛋白质，如牛奶、瘦猪肉、牛羊肉、动物内脏等。这些食物富含人体所必需的氨基酸，此外还含有多种维生素和矿物质，如维生素A、维生素B1、维生素B2、叶酸、铁等，是治疗因经血过多引起缺铁性贫血的佳品。

（2）多吃新鲜蔬菜和水果

新鲜蔬菜最好是绿叶菜，如油菜、莴笋等，其他如西红柿、胡萝卜也可以多吃。常吃的水果可以是苹果、梨、香蕉、橘子、山楂、鲜枣等。这些蔬菜和水果不仅含有丰富的铁、铜等矿物质，还含有叶酸、维生素C、胡萝卜素等。维生素C和胡萝卜素能促进铁的吸收，对治疗贫血有较好的作用。

（3）药膳治疗

对于食欲差、食量少、经血量多的女性，可用药膳治疗。

常有头昏、心慌、失眠、烦躁、易怒等自主神经功能紊乱，或有浮肿、血压增高的更年期女性，饮食要注意如下几点：

①尽可能少食或不食刺激性食物，如酒、浓茶、咖啡、辣椒、姜、葱、蒜等，以维护自主神经功能的稳定。

②摄取足量含B族维生素的食物。这要求多吃粗粮，如糙米、小米、玉米面等，此外菌类（蘑菇、香菇等）及动物肝脏、绿叶蔬菜均含有较丰富的B族维生素，特别是维生素B12对于维护神经系统的健康、增进食欲有一定作用。

③浮肿、血压高的更年期女性，采用低盐饮食或降压利尿的饮食。每天盐量限制为3～5克。可多吃芹菜、冬瓜、赤小豆等。芹菜含较多的钾，

有一定的降压作用；冬瓜、赤小豆有利尿的作用，可减少水分的潴留，达到降压、消肿的目的。

对于身体发胖的中年女性，饮食上则应注意下述几点：

①烹调尽量用植物油。因为植物油含的是不饱和脂肪酸，不易造成血脂增高。

②限制吃含胆固醇较高的食物。尽量少吃或不吃动物的内脏、鱼子、蛋黄、肥肉等。最好多吃豆制品，豆制品除含丰富的蛋白质外，还含有多种无机盐和维生素。食用动物蛋白，最好选用鱼类做食物，因为鱼所含的不饱和脂肪酸能改变脂蛋白的结构，增加血中高密度脂蛋白的比例，对胆固醇代谢有利，有预防动脉硬化的作用。

四十岁是个风姿绰约的年纪，四十岁的女人千万不要放弃自己呀！只要注意保养，你就可以在这个黄金时段拥有春天般的美丽！